数字贸易发展与合作报告

Digital Trade：Development and Cooperation

2021

国务院发展研究中心对外经济研究部

中国信息通信研究院

中国发展出版社
CHINA DEVELOPMENT PRESS

图书在版编目（CIP）数据

数字贸易发展与合作报告. 2021 / 国务院发展研究中心对外经济研究部，中国信息通信研究院著. —北京：中国发展出版社，2021.11

ISBN 978-7-5177-1261-9

Ⅰ. ①数… Ⅱ. ①国… ②中… Ⅲ. ①国际贸易－电子商务－研究报告－中国－2021 Ⅳ. ①F724.6

中国版本图书馆 CIP 数据核字（2021）第 226098 号

书　　名：数字贸易发展与合作报告 2021
著作责任者：国务院发展研究中心对外经济研究部 中国信息通信研究院
出 版 发 行：中国发展出版社
联 系 地 址：北京经济技术开发区荣华中路 22 号亦城财富中心 1 号楼 8 层（100176）
标 准 书 号：ISBN 978-7-5177-1261-9
经　销　者：各地新华书店
印　刷　者：北京市密东印刷有限公司
开　　本：889mm×1194mm　1/16
印　　张：7.75
字　　数：120 千字
版　　次：2021 年 11 月第 1 版
印　　次：2021 年 11 月第 1 次印刷
定　　价：68.00 元

联 系 电 话：（010）68990625　68990692
购 书 热 线：（010）68990682　68990686
网 络 订 购：http://zgfzcbs.tmall.com
网 购 电 话：（010）68990639　88333349
本 社 网 址：http://www.develpress.com
电 子 邮 件：174912863@qq.com

序

进入互联网时代以来，数字技术迅猛发展，不断催生新业态和新模式，数字化转型在世界经济发展和国际经贸合作中发挥着越来越重要的作用。数字贸易的迅速兴起及规则制定，正在对全球科技产业创新及国际分工格局产生深刻影响。一国能否及时抓住数字革命带来的机遇，在很大程度上决定着其能否成功进行经济转型升级、实现在全球价值链中地位的提升。

2021 年 8 月，习近平主席在向中国－上海合作组织数字经济产业论坛、2021 中国国际智能产业博览会所致的贺信中指出，世界正进入数字经济快速发展的时期，5G、人工智能、智慧城市等新技术、新业态、新平台蓬勃兴起，深刻影响全球科技创新、产业结构调整、经济社会发展①。

中国非常重视抢抓数字技术革命和对外开放合作带来的重大历史机遇。近年来，中国积极推进数字产业化、产业数字化，推动数字技术同经济社会发展深度融合，积极发展数字贸易，参与国际合作，致力开创数字经济开放发展与合作新局面。

中国是全球化的参与者、受益者和贡献者，将在建设开放型世界经济中继续发挥重要作用。在此背景下，国务院发展研究中心对外经济研究部和中国信息通信研究院联合发布《数字贸易发展与合作报告 2021》，旨在交流数字贸易发展政策、加强知识经验分享，推动开放、平等、透明的数字贸易规则的制定，构建开放合作、互利共赢、包容普惠、协调发展的数字贸易市场与制度环境。

---

①《习近平向中国—上海合作组织数字经济产业论坛、2021 中国国际智能产业博览会致贺信》，人民日报，2021 年 08 月 24 日 01 版。

正如报告中所言，数字贸易蓝海刚刚展现。让我们携起手来，遵循共商共建共享原则，凝聚共识，汇聚合力，充分挖掘和利用数字革命带来的新机遇，为数字贸易发展创造良好的制度体系和政策环境，推动国际贸易复苏和新一轮全球化，以共享数字红利和共促经济繁荣。

隆国强

国务院发展研究中心副主任

2021 年 8 月 30 日

前　言

随着以数字化、网络化、智能化为主要特征的新一轮科技革命和产业变革加快推进，数字经济广泛渗透、数字化转型蓬勃展开，数字贸易应运而生，对贸易模式、贸易对象、贸易结构、贸易格局正产生深远影响，推动全球产业链、供应链、价值链和创新链深刻变革，成为新一轮经济全球化的重要驱动力量。

全球数字贸易加快发展，在服务贸易中的比重持续上升，成为国际贸易与经济增长的新引擎。新冠肺炎疫情的暴发和全球蔓延，更凸显了数字贸易的发展韧性和巨大潜力：2020 年，全球服务贸易受到严重冲击，同比下降 20%，而数字服务贸易几乎未受影响，占服务贸易的比重在一年内提升 11.8 个百分点，涨幅超过过去十年的总和，达到 63.6%。数字贸易规模快速扩大、重要性持续提升，为产业数字化变革与企业全球化运营带来了前所未有的巨大机遇和全新挑战。

为抢抓数字贸易发展机遇、促进数字贸易发展，近年来各主要经济体均加大了对数字贸易发展的重视程度，普遍将其作为国家发展规划、政策法规制定、对外经贸合作和参与国际规则制定的重点。一方面，为国内数字贸易相关产业发展营造良好环境、提供政策支持，加快数字产业国际竞争力提升；另一方面，顺应数字贸易开放发展新要求，通过多边、诸边、区域、双边等谈判平台和磋商渠道积极参与国际数字贸易规则制定，表达核心关切和利益诉求，力求构建良好的数字贸易制度环境。

数字贸易涉及领域广，各方利益相互交织、立场错综复杂，短期内形成广泛覆盖、公平透明、普遍接受的全球数字贸易规则体系难度较大，有可能成为新一轮经济全球化中规则博弈的焦点。幸运的是，各国已普遍认识到在数字贸易发展与规则制定上加强利益协调与磋商合作的重要性，并开始付诸行动，近期有望在促进贸易便利化、消费者权益保护等方面取得突破。

全球数字贸易发展集中度高，中国是为数不多的、居于领先位置的发展中国家。一方面，中国高度重视数字经济带来的发展机遇，在市场开放、规划引导、法规保障、行业监管、创新发展试点建设等方面开展积极探索，持续改善数字贸易发展的制度与市场环境；另一方面，中国积极推动数字贸易开放发展与互利合作，推进共建“数字丝绸之路”，参与全球治理规则制定，倡导全球数字治理体系向开放、包容、普惠、公平、共赢的方向发展，致力于为缩小“数字鸿沟”、实现世界共同繁荣贡献中国智慧、中国方案。

面对数字经济全球化发展大势，世界各国需顺应数字贸易开放合作、包容发展的历史潮流及对国际规则提出的新要求，加强磋商、求同存异、凝聚共识、汇聚合力。我们要增进互信、不断扩大市场开放，坚持开放包容、平等合作、互利共赢原则，务实灵活地推进数字贸易国际规则制定，加强数字基础设施联通和标准对接，为数字贸易自由、便利、安全发展，共同营造良好的制度环境。

在此背景下，国务院发展研究中心对外经济研究部与中国信息通信研究院联合推出《数字贸易发展与合作报告 2021》，在厘清数字贸易概念内涵和意义的基础上，分析全球数字贸易发展和规则制定的现状及趋势，展现中国数字贸易发展探索所取得的成就和经验、为推进国际数字贸易合作所付出的努力，并就进一步推进规则制定、完善全球数字贸易治理体系提出了思路和建议。

目　录

图表目录

主题报告

专题研究

地区探索

主题报告

数字贸易发展与合作

新一轮科技革命和产业变革加快推进，数字经济广泛渗透、数字化转型蓬勃展开，数字贸易应运而生，对贸易模式、贸易对象、贸易结构、贸易格局产生深远影响，推动全球产业链、供应链、价值链和创新链深刻变革，成为国际贸易与经济增长的新引擎及新一轮经济全球化的重要驱动力量。为抢抓数字贸易发展机遇，促进数字贸易发展，共享经济繁荣，世界各国应携起手来，共建机制、共商规则、共享机遇，为全球贸易复苏共同努力。

一、数字贸易的内涵和意义

（一）数字贸易的内涵特征

数字贸易是信息通信技术赋能、以数据流动为关键牵引、以现代信息网络为重要载体、以数字平台为有力支撑的国际贸易新形态，是贸易模式的一种革命性变化，其内涵不断发展丰富。

第一，信息通信技术和现代信息网络是数字贸易的基础。信息通信技术在流通环节的应用，推动传统贸易数字化转型，带来成本降低和效率提升；信息通信技术在研发、生产、管理等环节的应用，催生出新的服务场景和模式，改变了传统服务低效率和不可贸易的性质，使原本只能线下交付的商品变为可远程线上交付的服务。第二，数据流动在数字贸易中发挥着牵引和驱动作用。数据流动带动信息流动，牵引资本、技术、人才等要素在不同国家间有序流转，促进货物贸易、服务贸易便利化，推动社交媒体、搜索引擎等新商业模式的国际化发展。第三，数字平台是数字贸易中信息形成、汇聚和交换的重要枢纽。数字平台提供一种将有关市场主体汇聚并进行在线互动的机制，为数据、商品和服务的供需对接，以及研发、创新、生产等的分工协同提供支持。数字平台企业可以记录和提取平台用户之间在线操作和交互的相关数据，在数据驱动增长的时代具有巨大的优势。2019 年，全球市值排名前 10 位的公司中，有 7 家使用了基于平台的商业模式①。

专栏 1　国际组织和主要经济体对数字贸易的界定

相关国际组织和主要经济体围绕数字贸易的概念内涵进行了广泛讨论，虽然各方对数字贸易定义的表述尚不统一，但对本质内涵的认识却趋于一致。

经济合作与发展组织（OECD）、世界贸易组织（WTO）和国际货币基金组织（IMF）（2020）基于统计目的将数字贸易定义为通过数字订购和数字交付开展的贸易，并提出了数字贸易的概念性框架。虽然该定义和框架是为了统计目的而提出的，但也可以看出其对贸易开展方式和贸易交易标的改变的强调。

美国国际贸易委员会（2013）将数字贸易定义为通过固定线路或无线网络交付的产品和服务。美国国际贸易委员会（2014）修改了其定义，提出数字贸易是互联网及相关技术在订购、生产或交付方面发挥着重要作用的贸易。美国贸易代表办公室（2017）指出数字贸易是一个广泛的概念，它不仅涵盖了互联网上消费品的销售和在线服务的供应，还涵盖了使全球价值链得以实现的数据流、使智能制造得以实现的服务及无数其他平台和应用。

欧盟委员会（2021）对数字贸易的定义是通过电子手段实现的商品或服务贸易，包括：纯数字的贸易，如在线视频、音乐；仅部分数字化的贸易，如通过网络购买实体图书。

数字贸易是信息通信技术在贸易领域应用的产物，是贸易活动持续发展的一个新阶段。在传统商贸的基础上，电子商务强调商务活动的电子化、网络化，即借助信息

---

① 联合国贸易和发展会议（UNCTAD），《数字经济报告（2019）》，2019 年。

技术开展商务贸易活动，如线上推广、网络零售、移动支付等。WTO 将其定义为“通过电子方式实现生产、分配、营销、销售或交付商品与服务”[①]。我国《电子商务法》将其定义为“通过互联网等信息网络销售商品或者提供服务的经营活动”。跨境电子商务强调跨越国境开展的电子商务活动，我国国家外汇管理局将其定义为“通过互联网等信息网络从事商品或者服务贸易进出口的经营活动”[②]。数字贸易是信息通信技术在贸易领域的应用进一步深化的结果，相比电子商务和跨境电子商务，其同样要求通过“互联网等信息网络”，并突出强调以数据形式存在的贸易活动和贸易对象。从传统商贸到数字贸易的各阶段发展特征如图 1-1 所示。

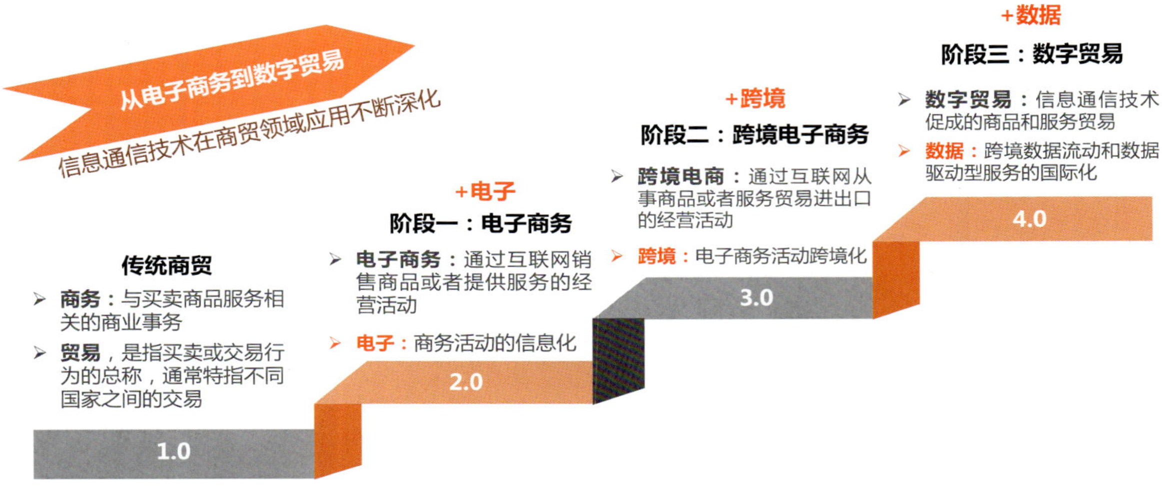

图 1-1　从传统商贸到数字贸易

与传统贸易相比，数字贸易的突出变化体现在贸易方式数字化和贸易对象数字化两方面，如图 1-2 所示。

① WTO, Work Program on Electronic Commerce, WT/L/274, 30 September 1998。

② 国家外汇管理局关于支持贸易新业态发展的通知，http://www.safe.gov.cn/safe/2020/0520/16232.html。

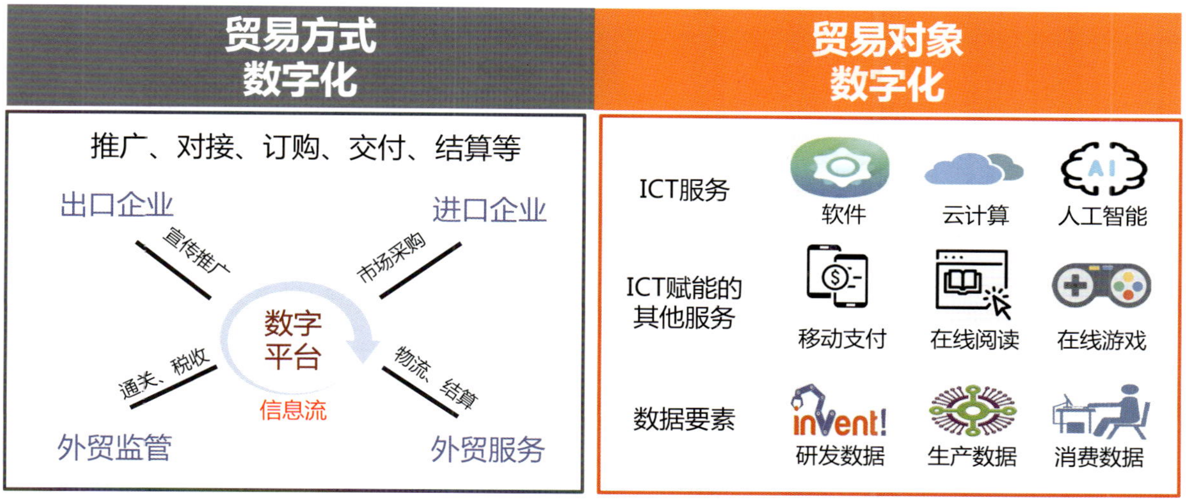

图 1-2　贸易方式数字化和贸易对象数字化

一是贸易方式的数字化，即面向贸易全流程、全产业链的数字化转型。一方面是推动传统贸易大部分流程的数字化、网络化和智能化发展，实现贸易成本更低、效率更优、主体更多元。如许多中小企业通过数字平台获取海外市场信息、推广商品服务、达成交易，以及获取通关、物流、金融等外贸服务。另一方面是促进各类服务贸易跨境交付方式的数字化变革，丰富了贸易的形式。如传统上以商品交易、面对面互动实现交付的文化、娱乐内容、教育、研发等跨境贸易领域，可以通过广泛丰富的、基于在线途径交付和互动的跨境服务贸易方式来实现。

专栏 2　贸易方式数字化

信息通信技术几乎对外贸领域所有环节都产生了影响，解决了一系列信息不对称问题，有力推动外贸降本增效。

一是外贸信息传递的优化。随着信息通信技术的发展，越来越多的外贸企业通过搜索引擎和在线广告获取国际市场信息，使得传统贸易中的海外市场调研成本大幅降低；通过数字平台进行宣传推广和商品销售，开辟通往国际市场的新途径。时间、空间的硬约束被打破，买卖双方不再需要在规定时间、规定地点完成交易，国际贸易出现无限可能。

二是外贸综合服务的转型。外贸综合服务企业借助信息通信技术，能够为外贸企业提供方便快捷的通关、物流、收汇、退税、结算等服务，细化了贸易分工，简化了贸易流程，帮助中小微企业降本增效、扩大市场、专注研发、打造品牌，已经成为外贸转型升级和创新发展的新动能。

三是外贸监管模式的创新。为适应贸易方式的数字化，政府在监管政策和方式上也正在推进与时俱进的调整。例如，围绕跨境电子商务发展建立信息共享、金融服务、智能物流、电商诚信、统计监测和风险防控等体系，推动“关”“税”“汇”“检”“商”“物”“融”一体化，以实现跨境电子商务自由化、便利化、规范化发展。

二是贸易对象的数字化，即以数据形式存在的要素和服务成为国际贸易中的重要交易对象，可以大体分为三类：①信息通信（ICT）服务的贸易，包括电信服务、计算机服务、软件复制和分发的许可证等，可以为经济社会各领域的数字化发展提供强有力的支撑。②信息通信赋能的其他服务贸易，即信息通信服务以外的传统服务通过数字化转型，嵌入不同的数字化载体，从而实现交付内容的数字化，包括数字金融、数字教育、数字医疗、工业互联网等的数字化服务贸易。③具有商业价值的数据要素的跨境流动。数字经济时代，数据成为一种关键生产要素，广泛融入价值创造过程，推动商业模式创新发展。然而，当前全球范围内数据确权、保护、交易等制度尚不完善，导致数据价值难以衡量和数据交易缺乏保障，因此，跨境数据流动的价值尚无法充分体现。未来，随着数据交易相关技术、产业和制度的完善，其贸易价值有望得到进一步发掘。

专栏 3　贸易对象数字化

信息通信技术的发展应用使得传统服务转变为以数据形式存在的数字化服务，进而推动了贸易对象的数字化。

一是服务变得可以存储复制。传统服务具有即时性和不可存储性等特点，教育、表演和医疗等服务大多需要面对面进行。随着上述服务被录制并转化为数据形式，可以存储于硬件设备甚至是“云上”，其“可贸易性”大大提升。

二是服务变得更易于远程在线交付。全球网络普及率、速率稳步提升，网络使用价格持续下降，搭建了广阔、高效、廉价的数字化运输通道，使得种类繁多的数字产品和服务能够实现远程交付，进入不同国家消费者日常生活和企业生产经营之中。

三是服务变得更丰富更智能。信息通信技术赋能于服务活动的各个环节，拓展出更多的可能性。许多高度标准化的重复性工作被机器所取代，服务的提供者由最初的人转变为人和机器，甚至只有机器，服务变得更加自动化、智能化，更能满足人们的个性化需求。

（二）发展数字贸易意义重大而深远

数字贸易是国际贸易创新发展的一次巨大飞跃。一是助力贸易各环节降本增效提质，为外贸增长注入新动能。外贸中市场营销和信息获取更加便利，降低了各方沟通成本和交易风险；外贸服务环节加快数字化转型，通过平台为外贸企业提供一站式服务；外贸监管持续数字化与流程创新，办事效率不断提升。二是创新了服务提供方式，“可贸易性”大大提升。随着数字技术的发展，传统服务可复制和高度标准化，服务提供方式也由线下面对面接触转移到线上远程交付。三是服务贸易中新模式新业态不断涌现，催生了新的数字服务。例如，3D 打印促进了软件设计贸易，制造、建筑等行业正越来越多地通过数字网络将设计方案发送到远方。

数字贸易将推动全球价值链发生深刻变革。一是数字贸易有助于协调地理位置分散的研发和生产任务，国际分工更加细化、专业化，价值链不断延伸。如大型跨国企业通过供应链管理系统对跨国采购、生产和销售进行管理，实现各个环节的协同化、一体化，降低延迟效应。二是数字服务逐渐渗透进生产经营活动之中，服务要素在投入和产出中的比重不断增长，成为价值链的重要组成部分，影响价值链的收益分配。从投入角度看，以信息通信（ICT）服务为代表的生产性服务，被广泛应用于企业的研发设计、生产制造、经营管理等环节，提高了企业生产效率、产品附加值和市场占有率。从产出角度看，企业将生产过程中积累的专业知识转化为各种类型的数字服务，由提供产品向提供全生命周期管理转变，由提供设备向提供系统解决方案转变。

数字贸易是打造国际合作竞争新优势的重要途径。一是推动本国传统产品和服务更好拓展国际市场。各国通过推动企业供应链管理、监管流程、服务环节的数字化转型，帮助企业降低贸易成本和提高贸易效率、提升国际竞争力。二是推动本国数字产业融入全球数字领域分工。当今世界正处在向数字经济迈进的时期，产业变革和经济新格局尚未定型。世界各国纷纷强化政策引导，着力推动技术创新突破、产业融合应用、数字治理完善，以战略制高点驱动数字经济腾飞。数字贸易有助于数字产业融入全球性数字市场，通过国际市场力量推动本国技术产业发展。三是推动监管模式创新与开放合作。数字贸易的快速发展给传统外贸监管带来巨大挑战，如小金额、大批量、分散化的 B2C、C2C 跨境电子商务订单，具有广域、匿名、即时、交互等特点的数字服务，各国外贸监管部门纷纷创新监管方式，为安全有序的发展提供保障，同时强化政策法规对接，推进国际监管协调合作。

数字贸易为包容性发展创造了有利条件。一是更好发挥中小企业和初创企业独特优势。数字贸易降低了贸易的成本和参与门槛，为中小企业、初创企业参与国际分工提供了新机遇，有助于推动形成一系列特色的、小众的细分产业市场。二是带动发展中国家和农村地区融入数字全球化发展。电子商务向农村拓展延伸，可为弱势群体创造就业机会，也可为农村居民带来品种多样、物美价廉的外部产品[①]。在全球范围内，

---

① 世界银行和阿里巴巴，《电子商务发展：来自中国的经验》，2019 年。

加快数字化转型与数字贸易发展，使发达国家向发展中国家提供在线培训、远程医疗等知识型援助变得更加便利，也为广大发展中国家融入全球化提供了渠道、创造了机会。

（三）各国高度重视数字贸易发展

近年来，随着数字贸易蓬勃发展，主要经济体均加大了重视程度，将其作为国家发展规划、政策法规制定、对外合作和参与全球规则制定的重点。

美国：将引领全球数字贸易发展和规则制定作为政策优先方向。在自身发展方面，2013 年，美国国际贸易委员会发布《美国和全球经济中的数字贸易》报告，提出数字贸易概念。2019 年，美国国会研究局发布《数字贸易与美国的贸易政策》报告，全面阐述美国数字贸易政策体系，包括美国国内立法和政策推动、别国“贸易壁垒”与规则议题、数字贸易国际政策协调机制等内容。2021 年 2 月，美国贸易代表办公室发布《2021 年贸易政策议程》，提出要制定新的数字标准。在国际规则方面，美国已在多个自贸协定中加入数字贸易相关章节。美国早在 2015 年就出台了数字贸易议程（“数字十二条”），2016 年扩充为“数字二十四条”，包括禁止数字关税、促进互联网免费开放、非歧视原则、跨境数据流动、禁止本地化要求与强制技术转让等基本原则，明确将数字贸易纳入美国对外谈判的核心内容。随后，美国在《跨太平洋伙伴关系协定》（TPP）、《美墨加协定》（USMCA）等自贸协定中均设立了较高标准的电子商务甚至数字贸易章节，与日本专门签署了双边数字贸易协定，在世界贸易组织（WTO）、经济合作与发展组织（OECD）、七国集团（G7）和二十国集团（G20）等国际组织及对话机制中积极推动、力求主导国际数字贸易规则制定，并计划在印太地区引领构建更加紧密的数字经济合作框架。

欧盟：高度重视内部数字单一市场建设，积极在全球数字贸易技术与规则制定中发挥引领作用。在自身发展方面，2015 年，欧盟委员会发布《欧洲数字单一市场战略》，启动欧盟内部数字贸易市场一体化的进程。2016 年，欧洲议会和欧盟理事会通过《通用数据保护条例》（GDPR），确立了跨境数据流动领域监管规则。2017 年，欧洲议会通过《迈向数字贸易战略》愿景文件，推动欧盟数字贸易规则制定。2020 年 12 月，欧盟委员会向欧洲议会和欧盟理事会提交《数字服务法》（DSA）和《数字市场法》（DMA）草案，旨在推动“创造一个更安全、更开放的数字空间”。2021 年 2 月，在欧盟委员会向欧洲议会和欧盟理事会提交的贸易政策审查文件①中提出，“支持欧洲的数字议程是欧盟贸易政策的优先事项”“目标是确保欧盟在数字贸易和技术领域的领先地位”。在国际规则方面，欧盟在与加勒比地区国家、印度尼西亚、英国等国的贸易协定中加入了数字贸易或电子商务相关章节，并在 WTO 电子商务磋商、OECD 内部规则制定中积极发挥引领作用。欧盟在上述政策审查文件中提出，将寻求迅速达成一项雄心勃勃、全面的 WTO 数字贸易协议，包括与欧盟数据保护框架一致的数据流动规则、高水平消费者保护等条款。

英国：在脱欧背景下寻求建立广泛联系的数字贸易网络。在自身发展方面，2017 年 3 月，英国政府发布《英国数字战略》，对英国“脱欧”后推进数字转型、打造世界一流的数字经济做出全面部署，涵盖数字技能与包容性战略、数字转型战略、网络空间战略、数字政府战略等七大战略。2021 年 6 月底，下议院国际贸易委员会发布《数字贸易和数据》报告，阐述数字贸易战略目标，即“让英国成为数字贸易领域的全球领导者，并通过国际协议网络推动全国生产力、就业增长”。在国际规则方面，目前英国与欧盟、日本等签订了相关贸易协定，并寻求加入《全面与进步跨太平洋伙伴关系协定》（CPTPP）。

日本：重视数字贸易开放，依托区域贸易协定参与构建国际规则。在自身发展方面，2018 年，日本经产省在《通商白皮书》中开始探讨数字贸易影响，并积极参与规则制定。菅义伟就任首相以来，高度重视数字贸易发展，强调利用信息技术推动行政改革和社会发展。在国际规则方面，日本积极推动数字贸易开放，政策主张主要体现在《G20 大阪数字经济宣言》、《全面与进步跨太平洋伙伴关系协定》（CPTPP）、《日美数字贸易协定》和《区域全面经济伙伴关系协定》（RCEP）等文本中。其中，《日美数字贸易协定》是两国就高标准数字贸易开放达成的共识，相关规则有可能作为日本未

① 《贸易政策审查——开放、可持续和坚定的贸易政策》，https://trade.ec.europa.eu/doclib/docs/2021/february/tradoc_159438.pdf。2021 年 4 月终版，https://trade.ec.europa.eu/doclib/docs/2021/april/tradoc_159541.0270_EN_05.pdf。

来参与 WTO 谈判和其他贸易协定谈判的主要立场。此外，作为日欧经济伙伴关系协定的重要补充，2018 年日欧就相互认可数据保护的充分性达成一致，进一步提升相互间个人数据流动的自由化便利化水平。

新加坡：利用灵活高效的自贸协定磋商机制，参与推动数字贸易规则的制定。新加坡作为自由贸易港，在数据流动、数字贸易领域践行高度自由的开放政策，也是 TPP/CPTPP 谈判的主要推动国家之一。2020 年 6 月，新加坡与智利、新西兰签订《数字经济伙伴关系协议》（DEPA），在加强跨境数据流动承诺、扩大隐私制度互补及制定新网络安全规范等方面提出进一步要求，以体现数字贸易规则的高标准、谈判机制的灵活性。2020 年 8 月，新加坡和澳大利亚签署《数字经济协定》（SADEA），升级了之前双边自贸协定中的数字贸易安排，签署了包括人工智能、数据创新和数字身份等内容的多份谅解备忘录。此外，新加坡还启动了与韩国、英国、越南等国的数字贸易谈判。

表 1-1 列出了全球各主要经济体关于数字贸易发展的政策文件与国际协定。

表 1-1　主要经济体关于数字贸易发展的政策文件与国际协定

经济体	国内政策/报告	参与的国际协定
美国	《美国和全球经济中的数字贸易》（2013 年） 《2021 年数字贸易议程》	《美墨加协定》（USMCA） 《美日数字贸易协定》
欧盟	《通用数据保护协定》（GDPR） 《迈向数字贸易战略》（2017 年）	《欧盟—日本经济伙伴关系协定》 《欧盟—英国贸易与合作协定》 《欧盟—墨西哥贸易协定》（新版）
英国	《贸易白皮书：我们未来的英国贸易政策》（2017 年） 《数字贸易和数据》（2021 年）	《欧盟—英国贸易与合作协定》 《英国—日本全面经济伙伴关系协议》
日本	《通商白皮书》（2018 年）	《日美数字贸易协定》 《全面与进步跨太平洋伙伴关系协定》（CPTPP） 《区域全面经济伙伴关系协定》（RCEP） 《日本—英国全面经济伙伴关系协议》

续表

经济体	国内政策/报告	参与的国际协定
新加坡	《数字经济行动框架》（2018 年）	《数字经济伙伴关系协议》（DEPA） 《新加坡—澳大利亚数字经济协定》（DEA） 《全面与进步跨太平洋伙伴关系协定》（CPTPP） 《区域全面经济伙伴关系协定》（RCEP）
中国	商务部《全面深化服务贸易创新发展试点总体方案》、商务部等 20 部门《关于推进海南自由贸易港贸易自由化便利化若干措施的通知》等	《区域全面经济伙伴关系协定》（RCEP）

资料来源：根据各经济体政府官方网站信息整理。

（四）全球数字贸易政策发展的新趋势

随着数字技术的快速普及和数字经济的快速渗透，数字贸易加快发展，各国促进数字贸易开放发展与安全监管的政策也在持续演进。从政策关注、国内外政策协调和治理能力三个维度看，展现出以下新趋势。

在政策关注上，从单一性问题不断拓展为复杂化和综合性政策问题。互联网兴起、国际移动漫游和跨国投资快速发展，各国主要关注网络跨境互通、服务和投资市场准入等问题。近十年数字贸易蓬勃发展，更多地体现为数据流动管理、数据保护、税收调节、网络主权维护、跨境支付交易等新型复杂问题。发达国家和发展中国家因所处发展阶段和国际竞争力不同，对数字贸易发展与监管的关注重点存在差异，不过，各国越来越倾向于将各类数字贸易政策视为一个整体，研究系统策略、制定一揽子规则、推动形成较为完整的政策体系。

在政策协调上，国内政策监管框架与国际规则体系相互影响。数字贸易使全球经济实现了更广泛的互联和深度互融，议题复杂交织。部分先发国家基于其国内立法和监管框架，制定国际规则并不断推广，发展中国家在参与数字贸易过程中，需依据高水平国际规则调整国内监管框架，如多国关于跨境数据流动规则方面的立法参照欧盟《通用数据保护条例》（GDPR），导致发达国家政策实施的外溢效应不断拓展，进而影响国际规则的制定。因此，各国需要基于本国实践，利用既有的和新建的国际合作机制，协调相关方立场，推动市场准入、数据流动、税收、网络安全、知识产权等领域国际规则的制定和调整，通过加强国际合作解决开放发展中面临的难题。

在数字经济治理上，各国对数字贸易开放与规则制定的意愿与能力呈现不平衡性。发达国家数字经济先行发展，在数字产业和数字贸易领域具有较强竞争力，凭借其议题设置、规则谈判等能力，成为数字贸易国际规则的强力推动者、建构者及主导者。相比之下，众多发展中国家数字经济和数字贸易发展相对滞后，国内法规与监管政策亟待完善，在规则制定和合作机制建设对话中处于被动、跟随地位，“数字鸿沟”有持续扩大的可能。

二、全球数字贸易发展

国际上，对数字贸易没有统一的统计标准。OECD、WTO 和 IMF（2020）发布的《数字贸易统计手册（第一版）》认为，数字贸易统计应包括数字订购贸易和数字交付贸易，前者强调通过数字化手段达成订单，基本等同于跨境电子商务；后者强调通过数字化手段交付产品，属于服务贸易的一部分。数字交付贸易的统计是通过从现有服务贸易统计分类中挑选出可以通过数字化手段进行跨境交付的门类，并将其相关数据进行加总得出，不同机构对加总的数据名称有多种表述，如数字服务贸易、潜在信息通信赋能服务贸易、可数字化交付服务贸易等。

本报告对数字贸易的分析主要包括跨境数字服务贸易、跨境电子商务和商业存在模式下的数字服务贸易三个方面。其中，跨境数字服务贸易反映前文所说的数字交付贸易，跨境电子商务反映数字订购贸易，商业存在模式下的数字服务贸易通过 WTO 的外国附属机构服务贸易统计（FATS）数据进行分析。

（一）数字贸易推动全球服务贸易深刻变革

1. 数字服务贸易在服务贸易中主导地位逐步显现

全球数字服务贸易稳步增长，在服务贸易中比重已超过 60%。全球数字经济蓬勃发展，基于数字技术开展的线上研发、设计、生产、交易等活动日益频繁，极大促进了数字服务贸易的发展。2020 年，全球数字服务贸易规模达 3.17 万亿美元，在服务贸易中的占比从 2011 年的 48.0%稳步提升至 2020 年的 63.6%，如图 1-3 所示。

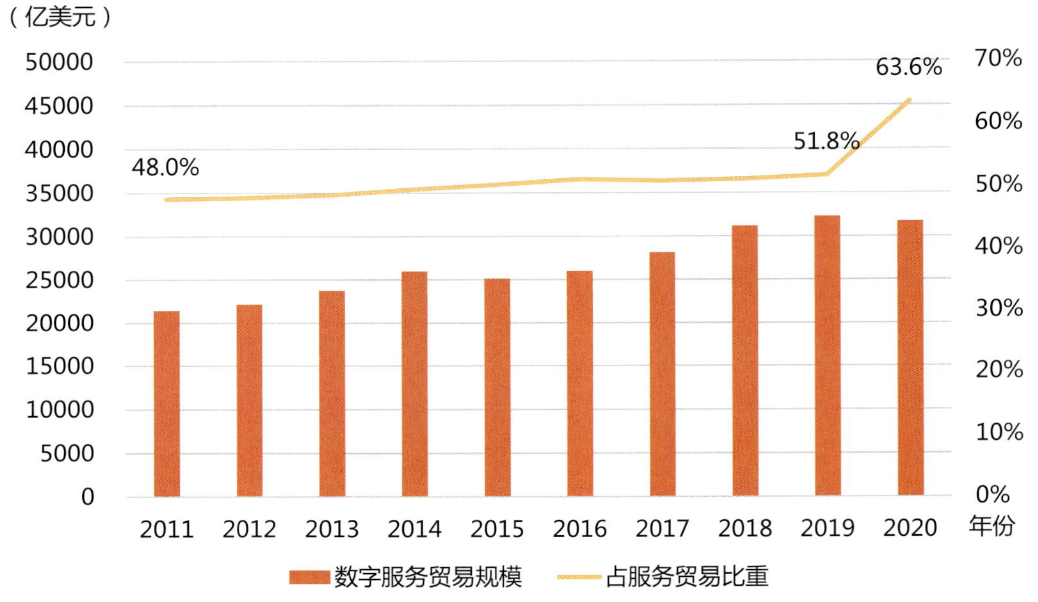

图 1-3　2011—2020 年全球数字服务贸易规模和占比

资料来源：UNCTAD 基础数据和课题组整理计算。

数字服务贸易在新冠肺炎疫情面前展现出较强韧性。2020 年，全球数字服务贸易虽然同比下降 1.8%，但下降幅度远低于服务贸易（同比下降 20.0%）和货物贸易（同比下降 7.5%），如图 1-4 所示。一方面，疫情对已经通过数字手段交付的服务贸易影响非常有限。相比旅行、运输等高度依赖于面对面接触的服务贸易，对于已经通过数字手段交付的服务贸易，供给和交付环节受到的影响非常有限，冲击主要源自市场需求的乏力。另一方面，疫情加速传统服务贸易数字化转型和新兴数字服务产业发展。

对于金融、保险、教育、医疗等可以通过但尚未通过数字化手段交付的传统服务贸易，正加速由线下转移到线上；2020 年，在线办公、短视频、云计算等新兴数字服务产业获得了难得的发展机遇。

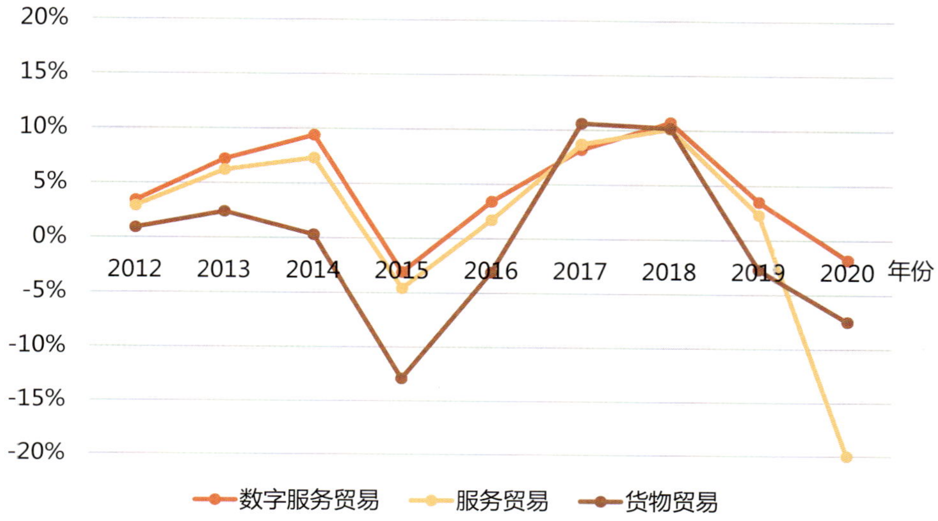

图 1-4　2012—2020 年全球数字服务贸易、服务贸易和货物贸易增速

资料来源：UNCTAD 基础数据和课题组计算。

2. 数字服务贸易稳步增长的关键动能是信息通信服务贸易

过去十年，信息通信服务贸易在数字服务贸易中增速最高、比重提升最大，远超其他领域。2011—2020 年，信息通信服务贸易平均增速为 7.7%，在数字服务贸易中的占比从 16.8%提升至 22.2%，如图 1-5 所示。过去十年是数字化蓬勃发展的十年，移动互联网、云计算、大数据、人工智能、区块链等信息通信技术创新活跃，在更广范围、更深层次、更高水平与实体经济融合发展，不断催生新产业、新模式、新业态。

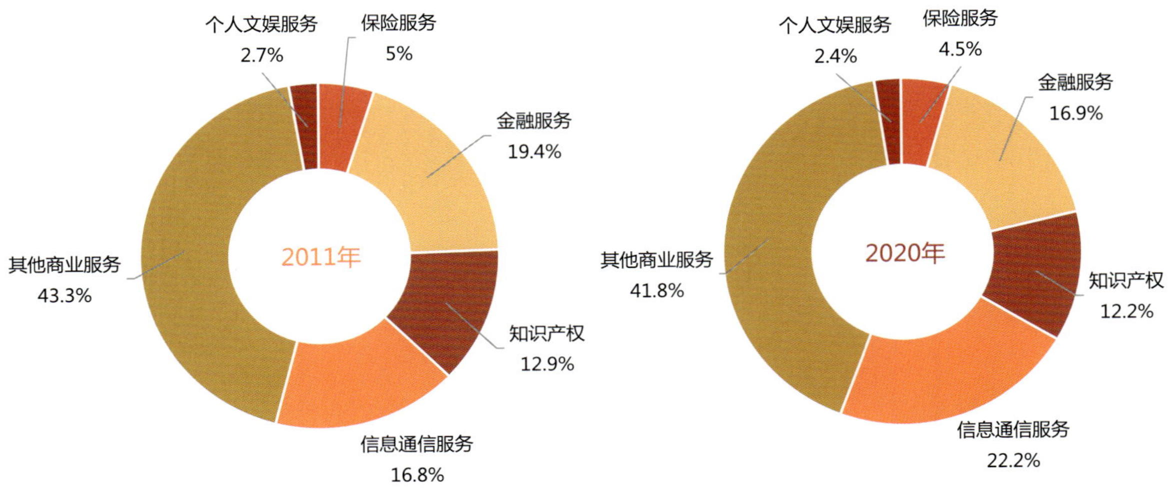

注释：部分细分数字服务贸易采用简写，保险和养老金服务（保险服务），知识产权使用费（知识产权），电信、计算机和信息服务（信息通信服务），个人、文化和娱乐服务（个人文娱服务）。

图 1-5　2011 年和 2020 年各细分数字服务贸易占比情况

资料来源：UNCTAD 基础数据和课题组计算。

新冠肺炎疫情背景下，信息通信服务贸易继续引领数字服务贸易发展。2020 年，信息通信服务贸易总量为 7104.3 亿美元，同比增长 4.1%，继续领跑服务贸易发展；金融、保险服务贸易紧随其后，增速分别排名第二和第三。2020 年，金融服务贸易总量为 5395.7 亿美元，同比增长 4.1%；保险服务贸易总量为 1434.8 亿美元，同比增长 2.6%；其他商业服务贸易、知识产权使用费、个人文娱服务贸易总量分别同比下降 5.0%、7.9%、14.2%，主要是因为部分子项仍需通过面对面接触才能完成服务交付，受新冠肺炎疫情影响较为严重。如图 1-6 所示。

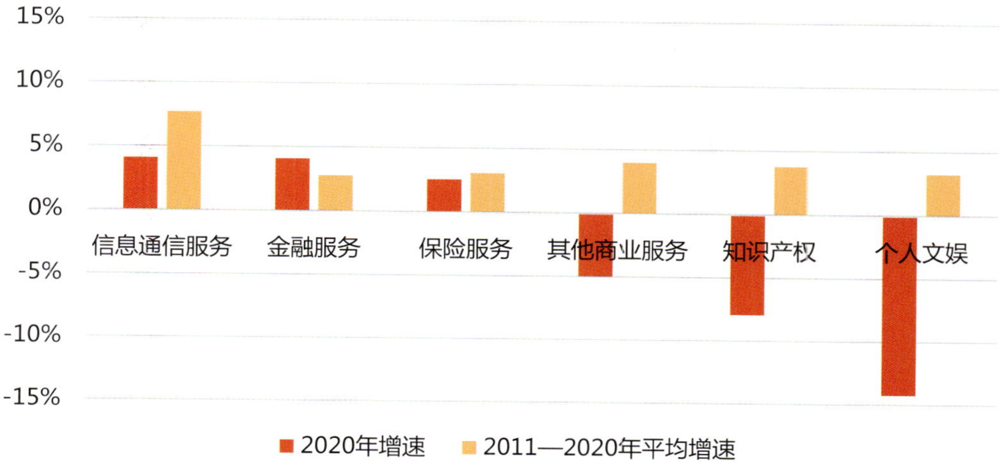

图 1-6　2011—2020 年各细分数字服务贸易增长情况

资料来源：UNCTAD 基础数据和课题组计算。

3. 全球数字服务贸易集中度较高

全球数字服务贸易集中度持续提升。数字经济、平台经济具有明显的网络效应、规模效应，容易形成“强者恒强”的发展格局。无论是数字服务出口，还是数字服务进口，领先国家的市场占有率都较高，且集中度展现出不断上升的态势。2014—2020年，数字服务出口排名前 10 位国家累计国际市场占有率从 64.4%上升至 66.1%，数字服务进口排名前 10 位国家累计国际市场占有率从 49.5%上升至 51.8%，如图 1-7 所示。2020 年，数字服务出口排名前 17 位的国家累计国际市场占有率达到 80%，相当于服务贸易、货物贸易领域前 24 位和前 27 位国家份额加总计算的集中度，如图 1-8 所示。美欧是全球数字服务供给的核心区域，数字服务出口规模排名前 10 位国家中有 6 个来自欧美地区（美国、英国、爱尔兰、德国、法国、荷兰），数字服务出口国际市场占有率合计达 48.9%。

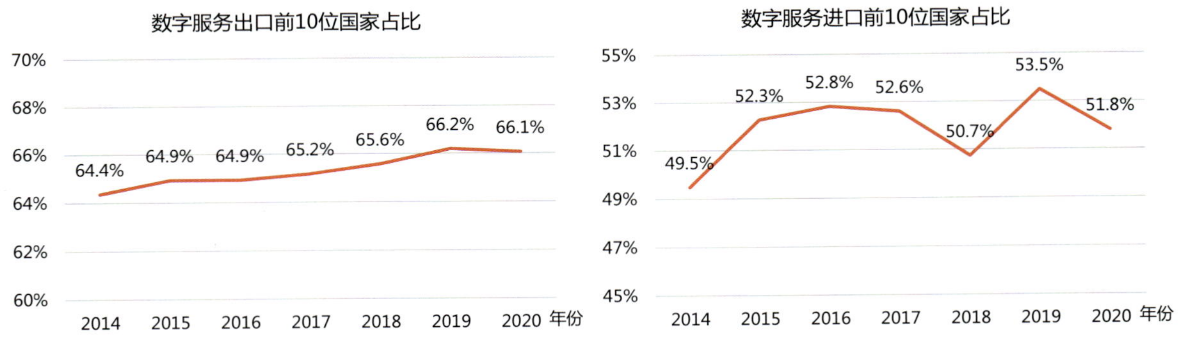

图 1-7　2014—2020 年全球数字服务出口、进口市场集中度情况（TOP10）①

资料来源：UNCTAD 基础数据和课题组计算。

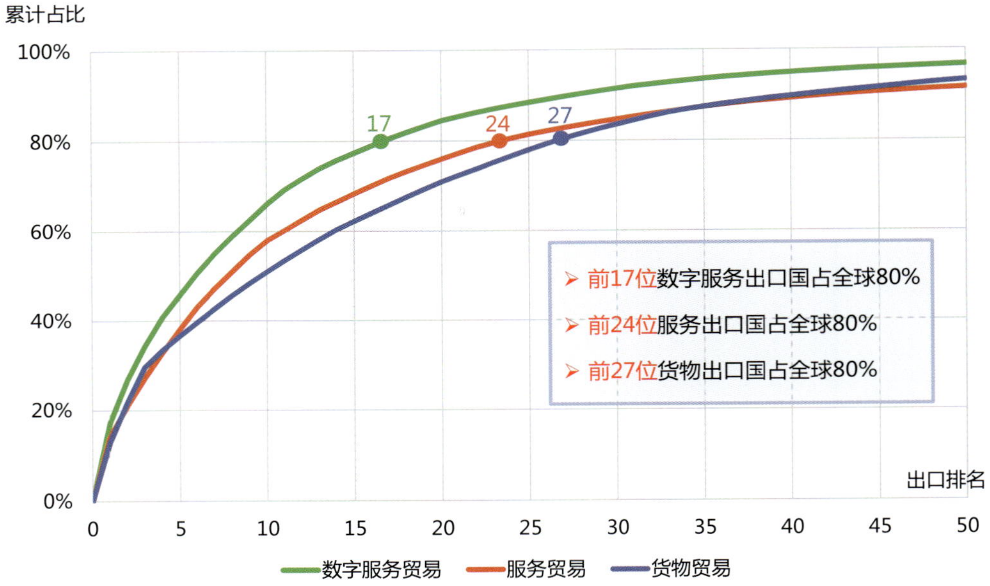

图 1-8　2020 年数字服务贸易、服务贸易和货物贸易的市场集中度曲线②

资料来源：UNCTAD 基础数据和课题组计算。

① 作为排名前 10 位的国家之一，荷兰服务贸易数据在 2013 年前后出现较大变化，因此只对 2014—2020 年数据进行分析。

② 图示为数字服务贸易、服务贸易、货物贸易的市场集中度曲线，横轴表示世界各国出口规模排名，纵轴表示累计国际市场占有率。图中数字服务贸易曲线位于最上方，明显高于服务贸易曲线和货物贸易曲线。

数字服务贸易规模排名前 10 位的国家中，发达国家占据 8 席，发展中国家仅有中国、印度。其中，美国数字服务贸易规模达 8507.2 亿美元，位居世界首位。这主要得益于其数字技术和产业的绝对优势，拥有苹果、谷歌、亚马逊、微软等超大型跨国信息通信（ICT）企业。爱尔兰凭借其地理、税收政策优势，吸引众多大型互联网企业将欧洲总部设在爱尔兰，数字服务贸易规模达 5249.0 亿美元，全球排名第二位。中国数字服务贸易规模达 2939.9 亿美元，全球排名第五位，与美国、爱尔兰、英国、德国等发达国家仍有不小差距。如图 1-9 所示。

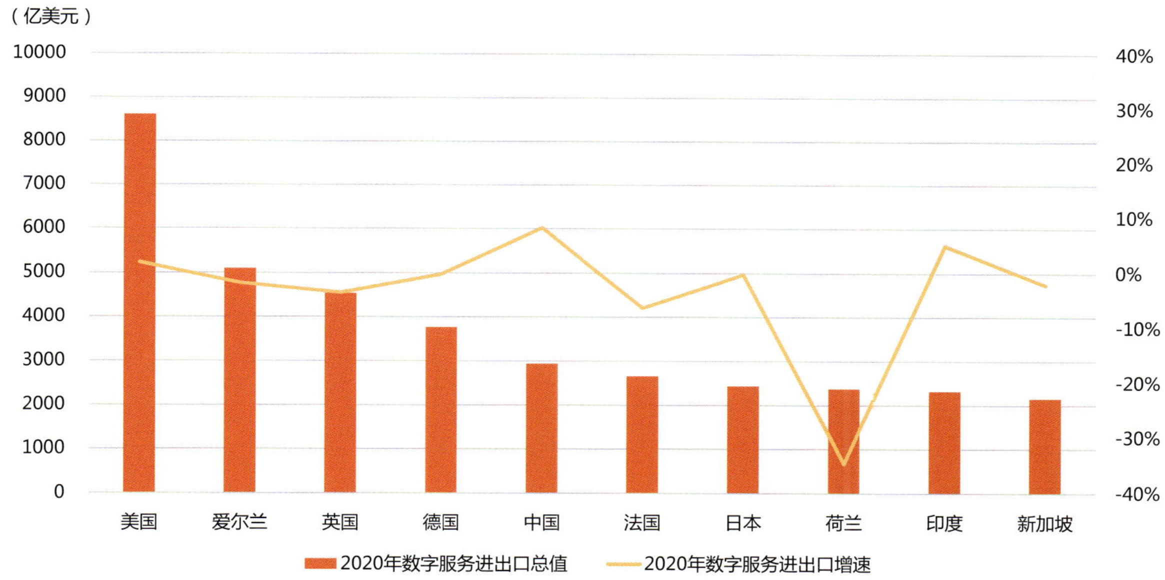

图 1-9 2020 年排名前 10 位国家的数字服务贸易规模和增速

资料来源：UNCTAD 基础数据、课题组计算和商务部发布信息。

（二）以商业存在开展的数字服务贸易仍占主导地位

商业存在模式，即通过外国附属机构进行的采购和销售，在服务贸易发展中占据重要地位。WTO（2019）测算数据显示，全球约 58.9%的服务贸易是通过商业存在模式提供的，对数字服务贸易的分析也不应忽略商业存在模式。出于国家安全考虑，各国在涉及关键基础设施的数字贸易行业上的开放度通常较低，致使大量数字贸易采取商业存在的方式提供，以满足东道国的国家监管要求。本报告基于 2021 年 WTO 更新的外国附属机构销售收入统计数据，对以商业存在方式提供的数字服务贸易进行研究分析，以展现数字服务贸易发展的更多维度。

1. 近三分之二的数字服务贸易通过商业存在方式提供

商业存在是数字服务贸易的最主要模式。受技术发展限制、企业外贸竞争需求、政府监管偏向等综合因素影响，数字服务贸易中通过商业存在开展的比重要高于服务贸易整体水平。根据 2021 年 WTO 发布的商业存在服务贸易数据，2018 年，代表性经济体数字服务出口约 66.1%是通过商业存在模式的，同期的服务出口和非数字服务出口仅 58.6%和 43.7%是通过商业存在模式，如图 1-10 所示。新冠肺炎疫情对既有商业存在的数字服务贸易影响有限，甚至可能产生促进效果。无论是在跨境交付模式还是在商业存在模式，数字服务企业均可以通过线上提供服务。疫情期间各国数字服务需求激增，带动相关商业存在业务的开展。相比跨境交付模式，通过商业存在模式出口可以发挥区位优势，迅速抢占新增市场。

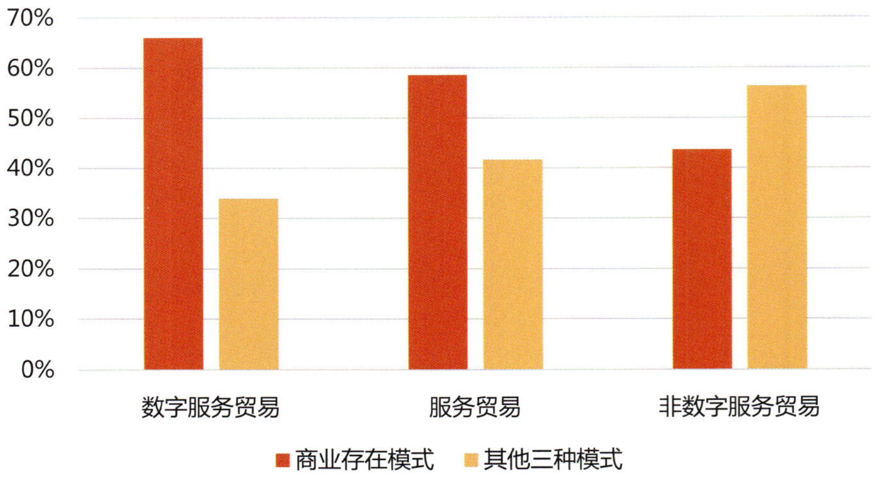

图 1-10 通过商业存在开展的数字服务出口占比①

资料来源：WTO 基础数据和课题组计算。

① 商业存在模式下服务贸易的占比通过“外向附属机构的服务销售收入/（外向附属机构的服务销售收入+跨境服务出口）”进行估算。

商业存在模式在数字服务贸易中的占比呈下降趋势。2011—2018年，代表国家的数字服务贸易中通过商业存在的比重从70.2%下降至66.1%，如图1-11所示。数字技术发展应用导致越来越多的服务可以通过数字化手段跨境交付，一方面是会计、广告、视听、教育等传统服务正由线下转移到线上，另一方面是社交媒体、搜索引擎、云计算、卫星定位等信息服务迅速崛起，导致通过商业存在提供的服务比重相应降低。

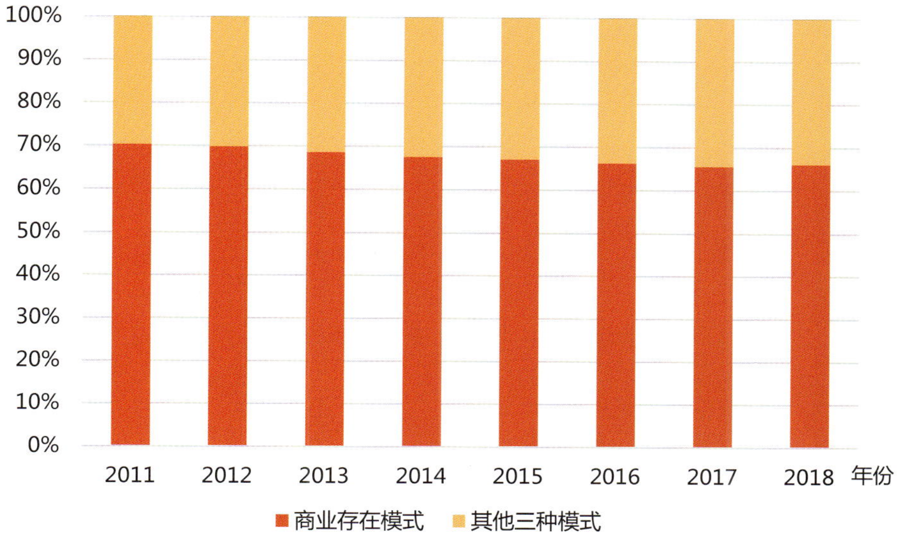

图1-11　通过商业存在开展的数字服务出口占比变化趋势

资料来源：WTO基础数据和课题组计算。

2. 涉及关键基础设施的数字服务贸易更依赖商业存在提供

信息通信服务和金融保险服务通过商业存在开展数字服务贸易的比重最高。2018年，代表国家的信息通信、金融保险、专业服务和文教娱乐4类服务出口中通过商业存在模式提供的占比依次为80.2%、81.3%、34.8%和63.0%，如图1-12所示。涉及关键基础设施的数字服务贸易更依赖商业存在提供。金融保险业、信息通信业涉及大量个人、企业和政府数据，是监管的重点，各国普遍施加了更多的当地存在要求限制；

专业服务业、文教娱乐业对其他经济社会活动影响较小，敏感程度较低，较多通过跨境提供模式展开。

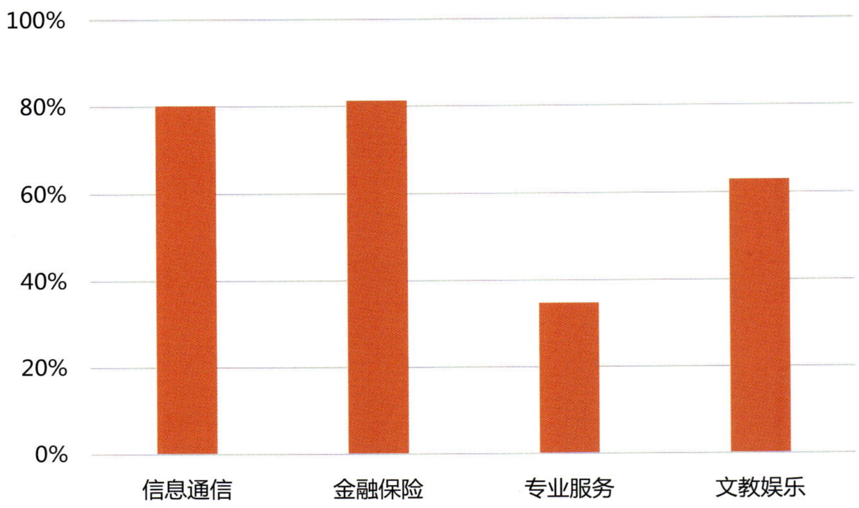

图 1-12 分部门通过商业存在开展的数字服务出口占比①

资料来源：WTO 基础数据和课题组计算。

3. 发达国家商业存在模式下的数字服务贸易占比更高

由于发达国家经济体量大、产业竞争力强，对外投资经验丰富，因此，商业存在模式占比较高。2018 年，美国、德国、法国、意大利等发达国家数字服务出口中通过商业存在模式提供的占比大部分处于 70%左右；同期，中小国家数字服务出口中通过商业存在模式提供的占比多数不足 20%。如图 1-13 所示。

① 由于 FATS 口径下服务贸易数据和 BOP 口径下服务贸易数据的服务分类并不一致，课题组对部分服务分类进行了合并处理，以便进行比较。

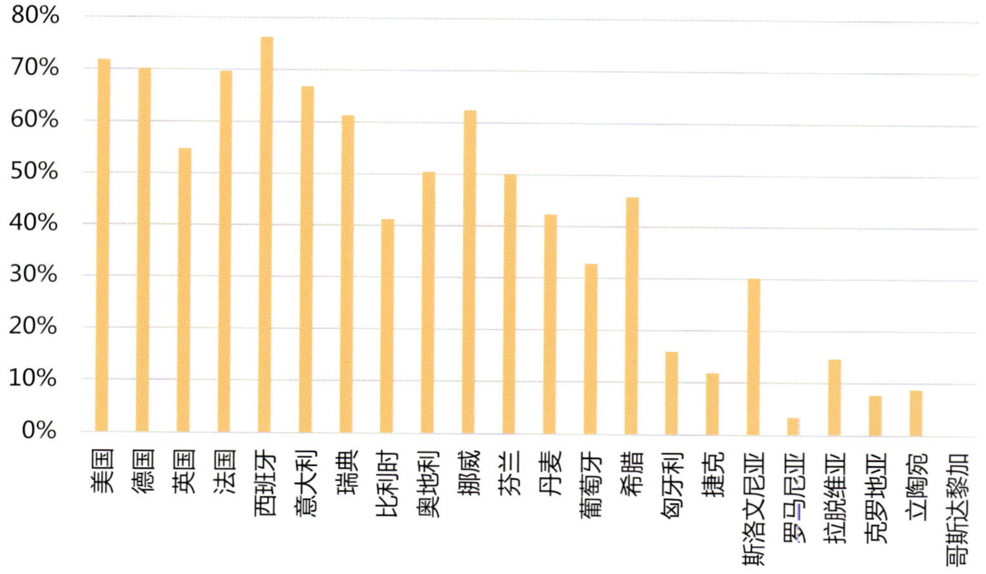

图 1-13 分国别通过商业存在开展的数字服务出口占比

资料来源：WTO 基础数据和课题组计算。

（三）全球跨境电子商务蓬勃发展

全球跨境电子商务市场规模持续扩大。信息通信技术推动传统货物贸易方式转型升级，跨境电商平台、智慧物流等新模式新业态给国际贸易注入了新的活力。据联合国贸易和发展会议（UNCTAD）测算，2019 年，全球前十大货物贸易出口国的 B2C 跨境电子商务销售额达到 4400 亿美元，同比增长 9%，高于 2018 年增速 2 个百分点。如图 1-14 所示。

全球跨境电子商务发展前景广阔。网购人数的稳定增长，为跨境电商发展提供强劲动能。2019 年共有 14.8 亿人口使用线上购物，同比增长 7%，约占全球人口的四分之一。虽然大部分网购以国内供应商为主，但随着跨境物流、支付及配套措施便利性提升，从 2017 年至 2019 年，跨境网购占网购总人数比重从 20%上升至 25%。如图 1-15 所示。

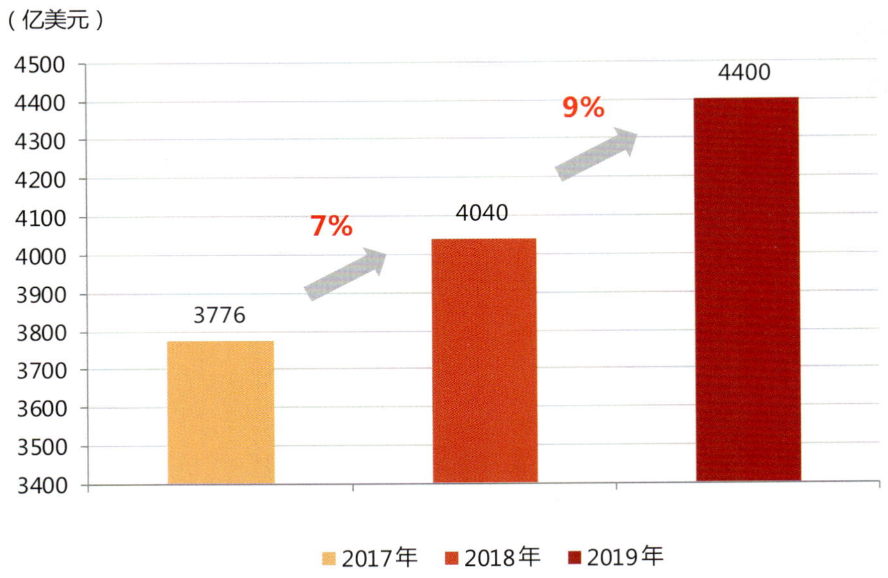

图 1-14　2017—2019 年全球 B2C 跨境电商交易规模

资料来源：UNCTAD 数据。

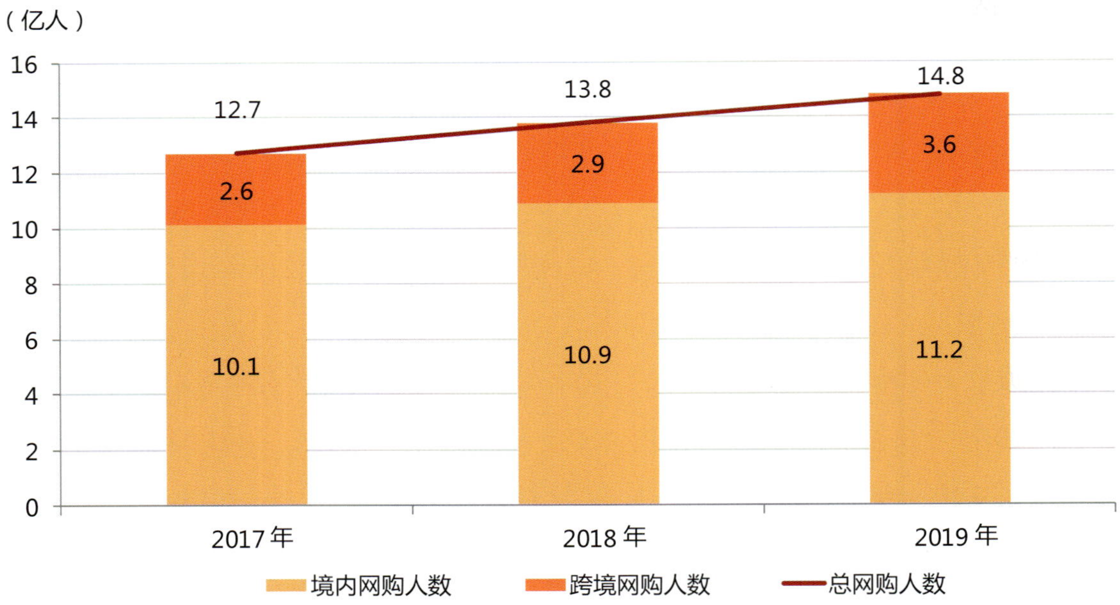

图 1-15　2017—2019 年全球网购人数

资料来源：UNCTAD 数据。

全球 B2C 跨境电子商务出口以发达国家为主。2019 年，B2C 跨境电子商务出口排名前 10 位的经济体中有 8 个是发达国家，发展中国家仅中国上榜。如图 1-16 所示。

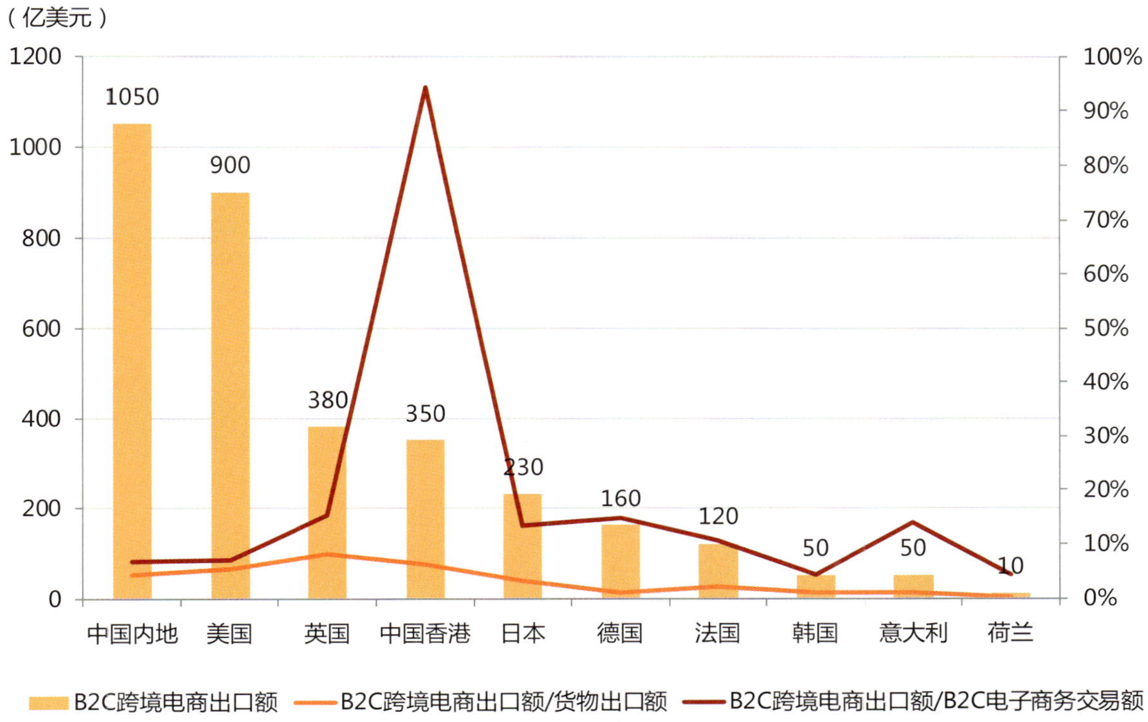

图 1-16　2019 年全球 B2C 跨境电商出口排名前 10 位的经济体

资料来源：UNCTAD 数据。

新冠肺炎疫情背景下，跨境电子商务成为更重要的贸易方式。2020 年新冠肺炎疫情全球大流行，多国政府采取防控措施，更多的线下购物需求转为线上。根据 UNCTAD 统计，2020 年主要经济体 B2C 电商销售额占整体 B2C 销售额比重明显上涨，上涨幅度普遍高于 2019 年。其中，新加坡 B2C 电商销售额占整体 B2C 销售额比重翻番，由 5.9%跃升至 11.7%。如图 1-17 所示。

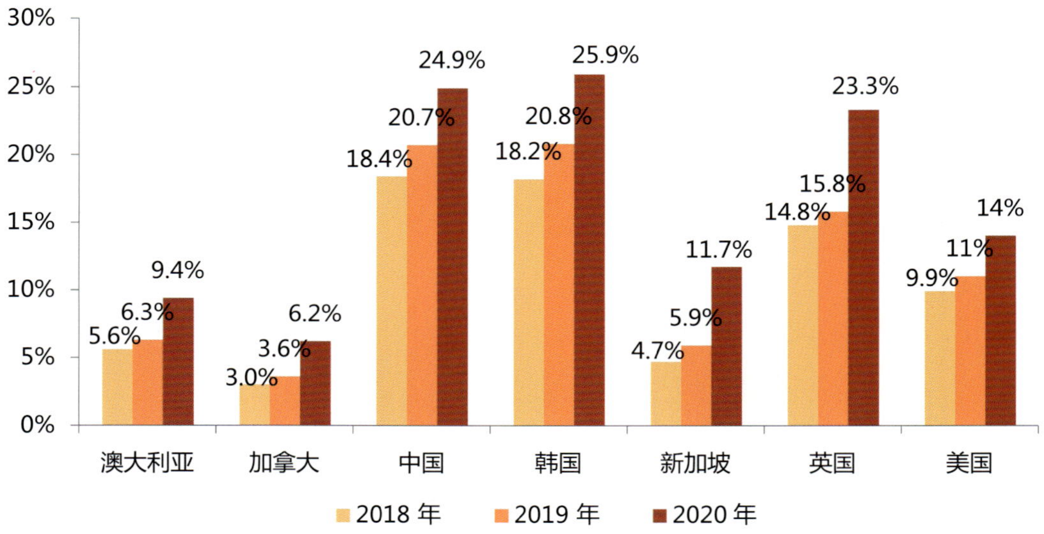

图 1-17　2018—2020 年分经济体 B2C 电商销售额占整体销售额比重

资料来源：UNCTAD 数据。

三、中国数字贸易发展

（一）中国积极推进数字贸易发展

中国高度重视数字经济带来的发展机遇，在规划引导、法规保障、行业监管、开放合作、参与全球治理等方面开展积极探索，持续改善数字贸易发展的制度与市场环境，推动数字贸易开放发展与互利合作。

1．中国政府高度重视数字贸易开放发展

2019 年，国务院发布的《关于推进贸易高质量发展的指导意见》指出，要“深化服务贸易领域改革和开放”“加快数字贸易发展”。2020 年，国务院发布的《关于推进对外贸易创新发展的实施意见》提出，要“加快贸易数字化发展”“发挥自由贸易试验区、自由贸易港制度创新作用”“不断提升贸易便利化水平”“促进跨境电商等新业态发展”。《中华人民共和国国民经济和社会发展第十四个五年规划和 2035 年远景目标纲要》再次强调，要“坚持实施更大范围、更宽领域、更深层次对外开放”“创新发展服务贸易，推进服务贸易创新发展试点开放平台建设，提升贸易数字化水平”。

2．各部门努力构建良好的数字贸易发展政策环境

各部委在搭建平台、贸易便利化、数据治理、市场环境、配套政策等方面，逐步加大对数字贸易的服务支持和制度建设力度。商务部利用服务贸易创新发展试点，不断完善数字贸易政策，积极优化数字贸易包容审慎监管，加大数字贸易管理和促进制度探索，大力发展数字贸易。工业和信息化部推动有序放开电信领域外资准入的限制，完善电信业务相关管理办法。海关总署持续健全支持数字贸易发展的管理机制。2020年9月起实施的《中华人民共和国数据安全法》第十一条明确规定"促进数据跨境安全、自由流动"。2021年11月起实施的《个人信息保护法》规定了个人信息可通过安全评估、专业机构认证、签署标准合同等途径出境。国家互联网信息办公室正在拟定相关具体管理规定，并与各方积极推进网络空间治理合作。在与跨境数字贸易紧密相关的平台治理、新业态监管、统计、税收、标准规范、创新和安全发展等国内政策领域，相关部门也都在加大探索力度，以不断改善政策环境。

3．各地积极探索推进数字贸易发展

数字贸易正成为全球区域经济竞争的新焦点，为抢抓数字经济新机遇，多地在发展规划中明确将加快数字贸易开放试点探索、建设数字贸易先行区或示范区作为重点任务，并已在推进数字化转型和跨境电商创新发展、建设高能级数字贸易平台、优化数字贸易发展生态等方面取得积极成效。例如，北京2020年发布《北京市关于打造数字贸易试验区实施方案》，率先推动跨境数据流动试点，包括个人信息出境安全评估管理的试点工作，积极推动6项增值电信业务逐步开放，吸引汇聚数字贸易企业，积极打造"贸易数字化示范区"，数字服务贸易占服务进出口的比重从35%提高到50.9%。上海2019年发布《上海市数字贸易发展行动方案（2019—2021年）》，提出打造上海"数字贸易国际枢纽港"，将云服务、数字内容、数字服务的行业应用、跨境电商作为数字贸易的四大主要领域，将城市数字化转型与贸易数字化发展相结合，建设数字贸易创新创业、交易促进和合作共享中心，汇聚中外跨境电商平台，2016—2020年，上海数字贸易进出口年均增长高达9.1%。浙江2015年在杭州设立全国首个跨境电子商务综合试验区，"十三五"时期跨境电商年均增长35%，产业集聚、政策优势突显；2020

年印发《浙江省数字贸易先行示范区建设方案》并实施，2020 年全省数字服务进出口同比增长 27.7%；2021 年 6 月发布《浙江省数字经济发展“十四五”规划》，全面启动数字化改革，加快打造全球数字贸易中心，预计到 2025 年数字贸易进出口总额将达到 1 万亿元。海南利用自由贸易港政策积极发展数字贸易，着力推进海南生态软件园国家数字服务出口基地建设，大力吸引集聚创新资源和平台企业。目前，全国已累计建设超过 100 个跨境电子商务综合试验区，为跨境电商发展与监管创新起到积极的推动作用。

（二）中国数字贸易整体快速发展

1. 中国数字服务贸易发展位居世界前列

数字服务贸易规模持续扩大。在国家政策的积极引导下，数字经济新模式、新业态不断涌现，持续推动数字贸易高速增长，规模逐渐扩大。近 10 年，我国数字服务贸易规模基本实现翻番，从 2011 年的 1648.4 亿美元增加到 2020 年的 2939.9 亿美元，年复合增长率达 6.6%，增速在主要国家中位居前列，数字服务贸易占服务贸易的比重从 36.7%提升至 44.4%。如图 1-18 所示。

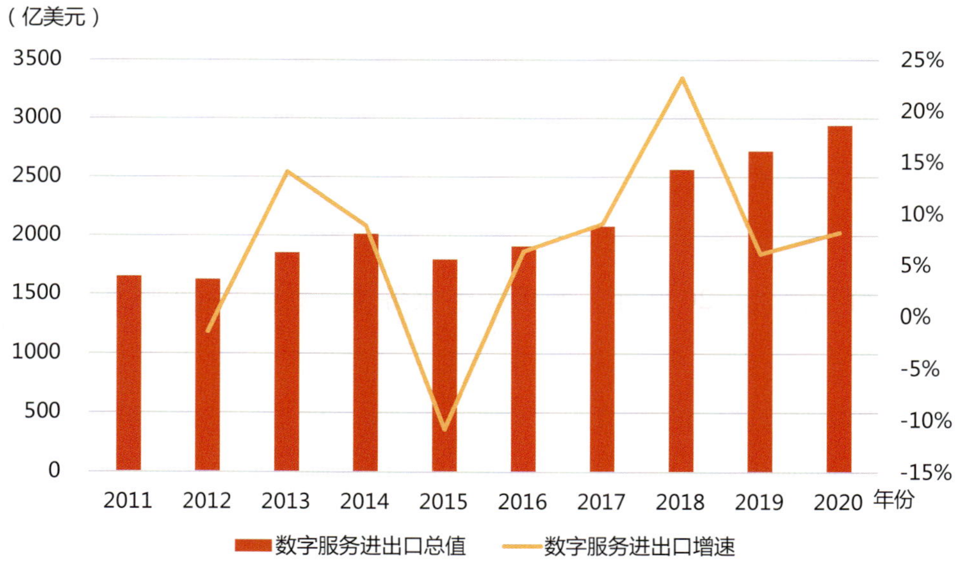

图 1-18　2011—2020 年中国数字服务进出口总值和增速

资料来源：UNCTAD 基础数据、课题组计算和商务部发布的信息。

国际竞争力持续增强。从顺逆差看，经过 10 年国际化创新发展，我国数字服务海外市场取得巨大突破，数字服务贸易净出口值从 2011 年的逆差 148.2 亿美元逐渐扭转为顺差，2018 年到 2020 年已连续 3 年实现顺差，国际竞争力持续增强。2020 年，我国数字服务贸易顺差为 147.7 亿美元，贸易竞争力指数（净出口值与进出口总值之比）为 5%，与 2019 年基本持平。如图 1-19 所示。

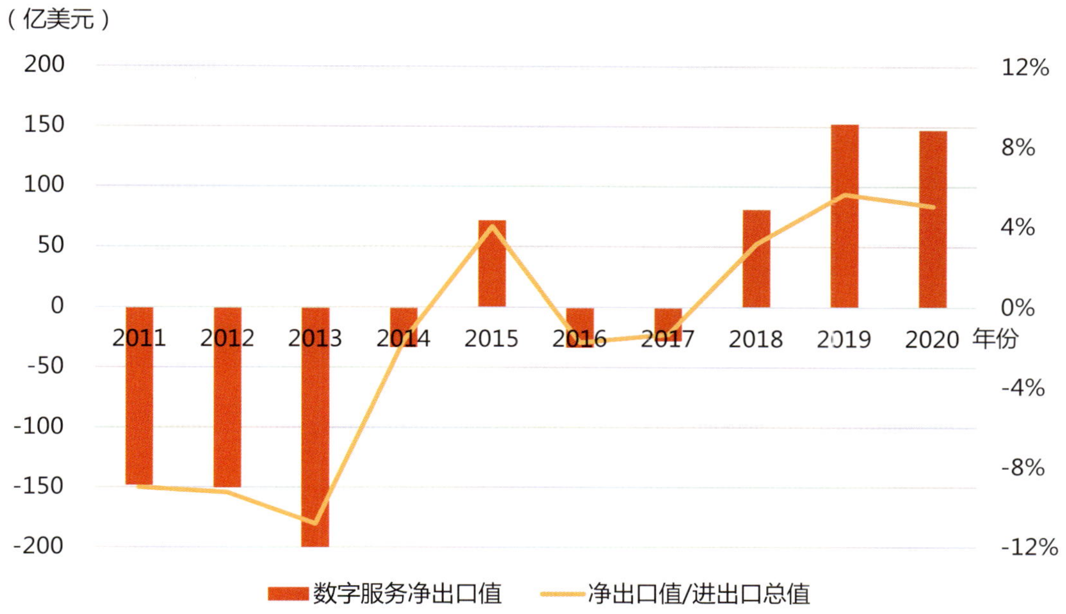

图 1-19　2011—2020 年中国数字服务贸易平衡和竞争力指数

资料来源：UNCTAD 基础数据、课题组计算和商务部发布的信息。

全球排名持续提升。2020 年，我国数字服务贸易规模在 105 个国家中的排名从 2019 年的第 7 名上升至第 5 名，10 年来首次跻身全球前五强，也是前五强中唯一的发展中国家，如图 1-20 所示。但与欧美发达国家相比，我国数字服务贸易规模仍存较大差距，2020 年规模约为美国的 1/3，也远低于同期的爱尔兰、英国和德国，未来还有巨大的发展空间。

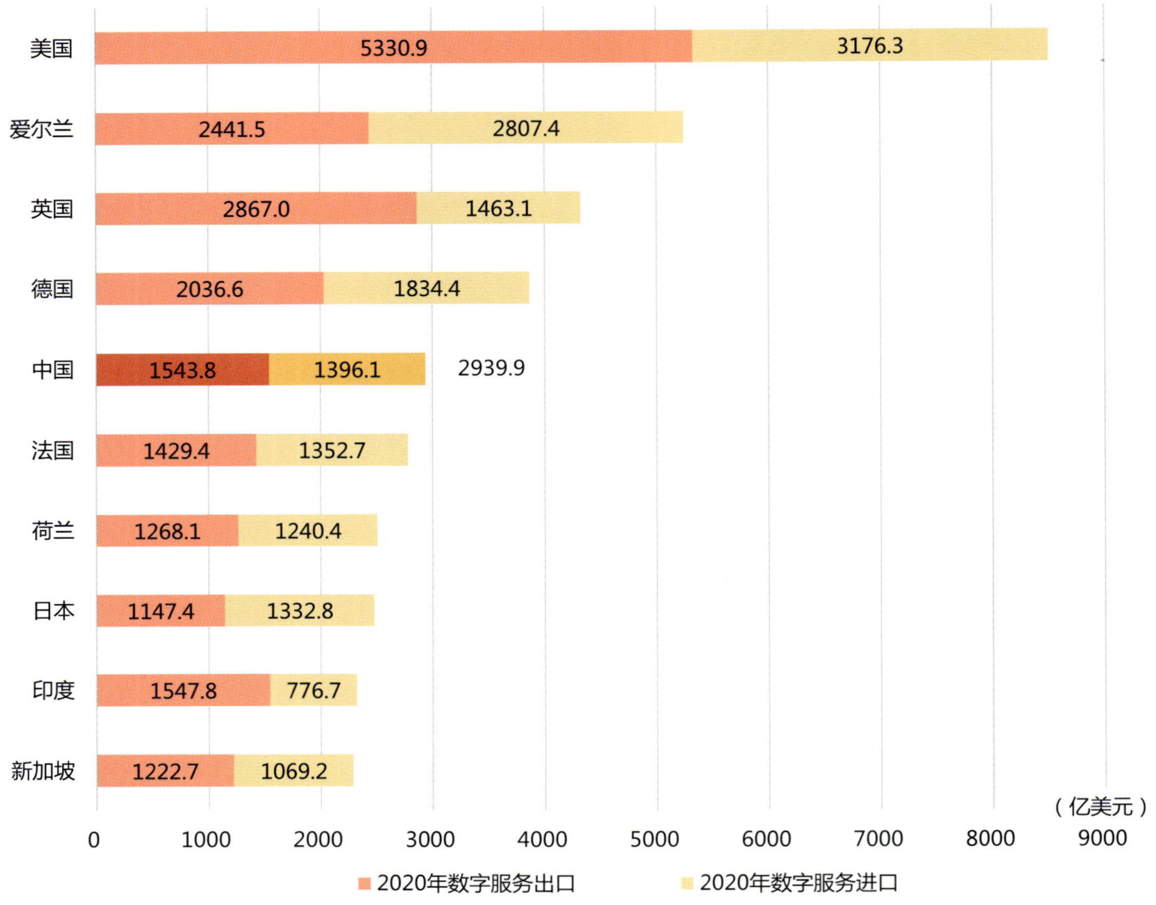

图 1-20　2020 年全球主要国家数字服务贸易规模排名情况

资料来源：UNCTAD 基础数据、课题组计算和商务部发布的信息。

2. 部分细分领域的数字服务贸易增速超过全球平均水平

知识产权、金融服务、信息通信服务等多项细分数字服务出口保持高速增长。2011—2020 年，我国知识产权、金融服务、信息通信服务等细分数字服务发展平均增速分别为 31.7%、19.6%和 17.4%，均高于世界平均水平，如图 1-21 所示。这主要得益于中国超大规模信息基础设施网络建设，加快打造市场化、法治化、国际化营商环境，持续扩大金融、电信等领域对外开放，不断释放数字服务领域的发展活力。

信息通信服务是过去十年我国数字服务出口占比提升最快、增长贡献最大的领域。信息通信服务、知识产权服务是知识密集型行业，是国家支持发展的优先领域。2011—2020 年，我国信息通信服务在数字服务出口中占比提升了 19.7 个百分点，如图

1-22 所示。目前，中国已成为全球最大《专利合作条约》（PCT）国际专利申请来源国，5G、区块链、人工智能等领域专利申请量全球第一，涌现出一大批具有国际竞争力的信息通信服务企业。

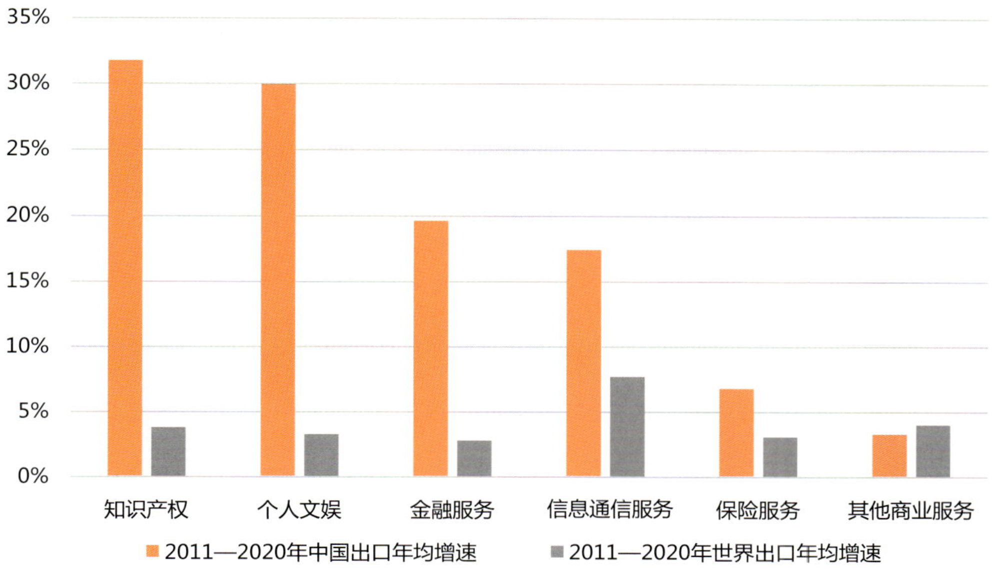

图 1-21　2011—2020 年中国细分数字服务平均增速对比

资料来源：UNCTAD 基础数据和课题组计算。

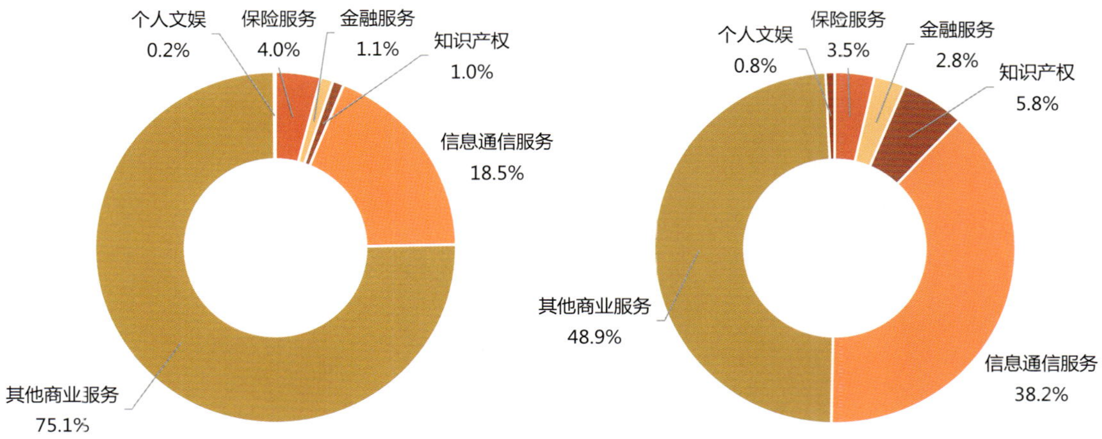

图 1-22　2011 年和 2020 年中国各细分数字服务出口占比情况

资料来源：UNCTAD 基础数据和课题组计算。

3. 商业存在模式下，我国数字服务贸易具有较大发展空间

出口规模大、占比高。近年来，我国对外投资合作持续提升。根据 2021 年 WTO 最新发布的商业存在服务贸易数据，2018 年我国通过商业存在模式出口的服务达到 9483.3 亿美元，在提供商业存在数据的 30 个国家中排名第 2 位，仅次于美国；在当年服务出口中的占比超过七成，同样居于前列。如图 1-23 所示。

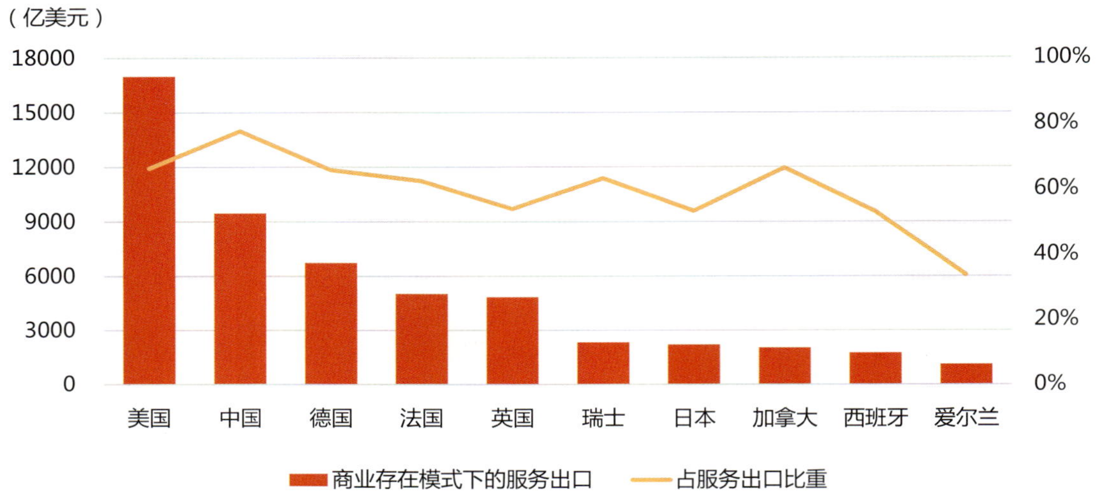

图 1-23　2018 年中国商业存在模式下的服务出口和占比

资料来源：WTO 基础数据和课题组计算。

出口增速较快。据 2020 年 5 月商务部发布的数据，2018 年我国商业存在模式下的服务出口中，文化、体育和娱乐业，信息传输、软件和信息技术服务业，交通运输、仓储和邮政业，分别增长 241.6%、212.3%、54.4%，在所有服务类型中增速领先。

与发达国家还有较大差距。我国商业存在模式下的服务出口以租赁和商务服务为主，信息通信、文化等数字服务规模相对较小。例如，2018 年，我国商业存在模式下的信息通信服务出口为 545.6 亿美元，约为美国的 10%。如图 1-24 所示。

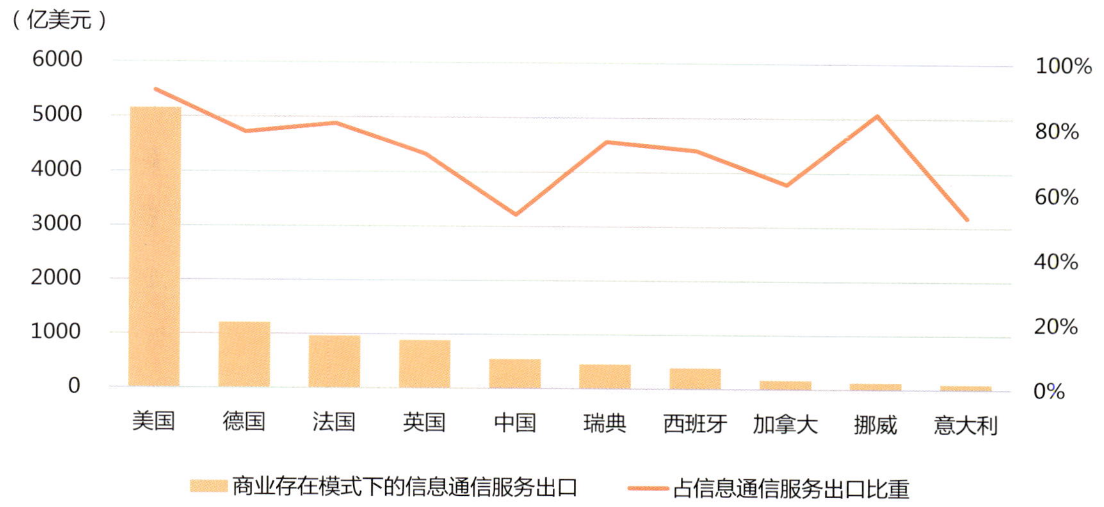

图 1-24　2018 年中国商业存在模式下的信息通信服务出口和占比

资料来源：WTO 基础数据和课题组计算。

4. 跨境电商快速发展，为中国外贸发展注入新动能

作为数字贸易的主要组成部分，跨境电商在拉动消费提升、畅通外贸产业链及供应链等方面发挥重要作用。近年来，我国已经逐步形成跨境电子商务产业全链条服务体系，跨境电商交易规模持续攀升，新增初创企业数量、融资金额创新高。

规模上，目前我国是全球最大的跨境电商零售出口经济体，也是全球电子商务零售额（B2C）最大的经济体。中国海关发布的数据显示，2020 年，我国跨境电商进出口总额为 1.69 万亿元，同比增长 31.1%，增速显著高于货物进出口增速，如图 1-25 所示。

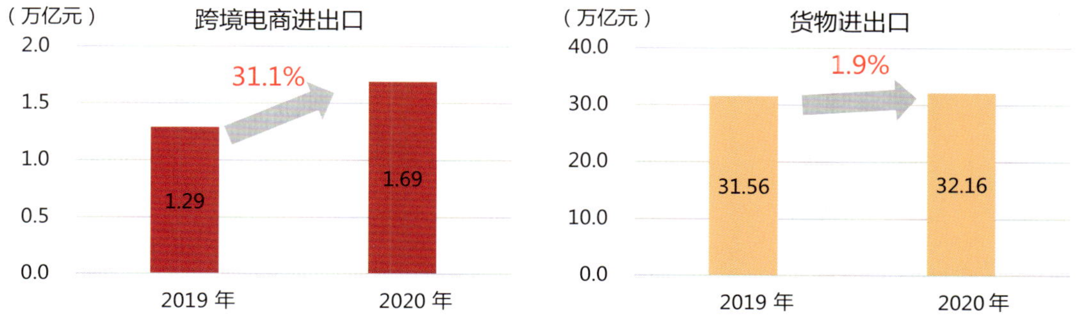

图 1-25　2019—2020 年中国跨境电商和货物贸易发展比较

资料来源：中国海关。

趋势上，跨境电商综合试验区持续扩围，贸易伙伴不断增加。2020 年，我国跨境电商综合试验区新增 46 个，累计达到 105 个。市场层面，欧美仍是我国跨境电商最主要的市场，东盟市场增长潜力巨大，与 22 个国家的“丝路电商”合作不断加深；渠道层面，独立性和供应链稳定性不断提升，独立站成为打破业务天花板、拓展新市场的重要渠道，超过 50%的跨境电商企业已经或筹划开设独立站；服务层面，个性化定制模式逐步兴起，26.9%的跨境电商企业探索向中小型企业提供选品、轻定制等供应链服务①。

5. 典型产业异军突起，推动中国数字贸易持续向好

（1）云计算协同融合发展，助力构筑数字化底座

云计算有助于加速数据流通、汇集、处理和价值挖掘，在推动服务贸易数字化转型方面发挥重要作用。近年来，我国云计算生态产业链日益完善，云网边端协同融合进程不断加快，泛在灵活的算力服务模式逐步成熟。

过去十年，中国云计算的算力增长 2000 倍，年均增速超过 50%，是发展最快的技术领域之一。2020 年，我国云计算整体市场规模达 2091 亿元，增速 56.6%，其中公有云市场规模达 1277 亿元，相比 2019 年增长 85.2%；私有云市场规模达 814 亿元，较 2019 年增长 26.1%。如图 1-26 所示。

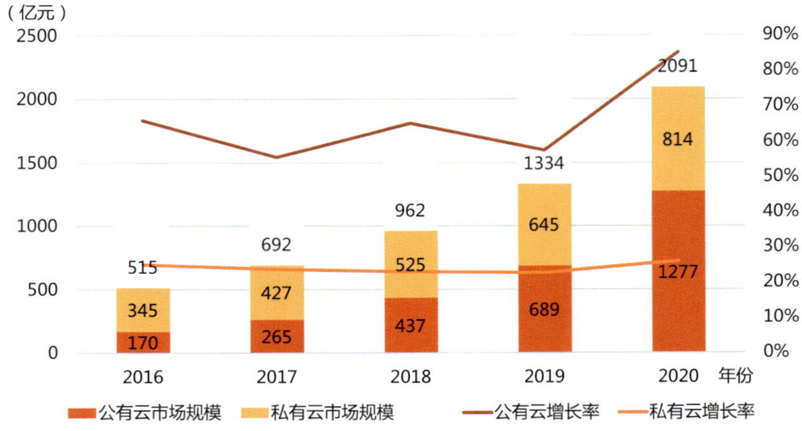

图 1-26　2016—2020 年中国云计算市场规模和增速

资料来源：中国信息通信研究院《云计算白皮书》，2021 年。

① 亿邦智库，《2020 跨境电商发展报告》，2021 年。

我国云服务商不断加快全球布局。2020 年，阿里云在全球公有云（IaaS）市场份额中排名第三，占 7.6%，数据中心在全球 23 个地理区域覆盖 69 个可用区；腾讯云数据中心在全球 27 个地理区域覆盖 58 个可用区。此外，云计算服务正从电商、政务、金融，向制造、医疗、农业等各个领域延伸拓展，应用程度不断深化。以云计算为承载，融人工智能、区块链、数字孪生等新一代数字技术于一体的平台底座，将极大地推动国际贸易数字化转型。

（2）数字平台发展势头强劲，引领产业升级

作为数字贸易的有力支撑，数字平台在推动产业升级、优化资源配置、贯通经济循环等方面发挥重要作用。近年来，我国平台经济保持快速发展态势，头部平台发展势头强劲。

截至 2020 年年底，我国市值超 10 亿美元的数字平台企业达 197 家，比 2015 年新增 133 家，以平均每年新增超 26 家的速度快速扩张。2015—2020 年，我国超 10 亿美元数字平台总市值由 7702 亿美元增长到 35043 亿美元，年复合增长率达 35.4%。如图 1-27 所示。

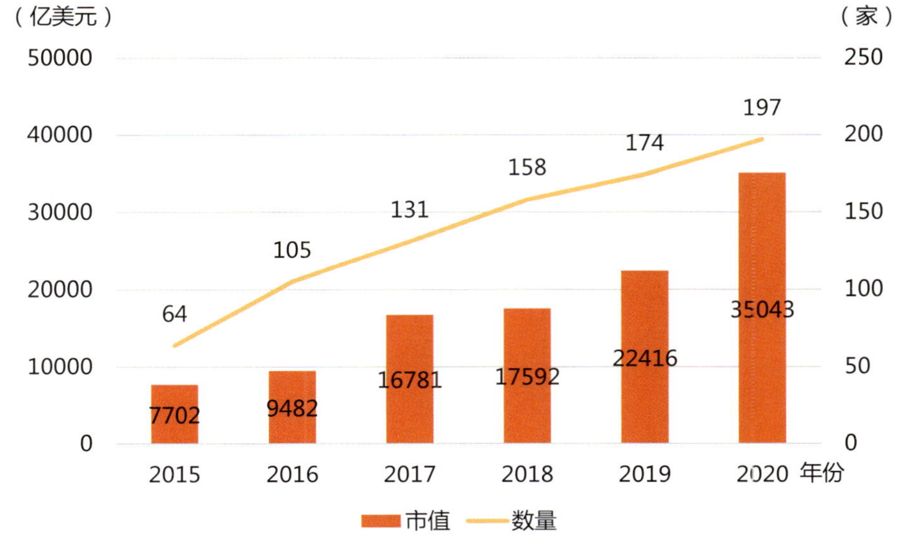

图 1-27　2015—2020 年中国市值超 10 亿美元数字平台企业数量和总市值

资料来源：中国信息通信研究院《平台经济与竞争政策观察（2021 年）》，2021 年。

从趋势来看，中型平台不断涌现并加速成长。2020 年，市值在 10 亿~100 亿美元的平台数量从 2015 年的 53 家增加到 161 家；各领域平台经济展现出巨大活力，电子商务和社交网络处在第一梯队，在线教育、金融科技、数字媒体、本地生活、物流等领域发展也较为活跃；中美头部平台差距正在扩大，2017—2020 年，中国排名前 5 位的数字平台市值增长率为 75%，而美国增长率达 200%。

（3）自研游戏加速海外扩展，拓展业态创新

作为数字贸易的新兴业态，游戏软件在推动国内外文化交流、提升我国国际影响力等方面发挥重要作用。中国音像与数字出版协会（以下简称“中国音数协”）游戏工委与中国游戏产业研究院发布的《2020 年中国游戏产业报告》显示，近年来我国自主研发游戏的海外拓展不断推进，呈现出多品类、多区域、广覆盖的良好态势，影响力和市场地位持续提升。

从规模来看，我国自主研发游戏海外市场实际销售收入稳步上涨，2020 年实际销售收入达 154.5 亿美元，同比增长 33.3%，如图 1-28 所示。我国相当数量的自主研发游戏在全球上百个地区的下载榜和畅销榜步入前列。

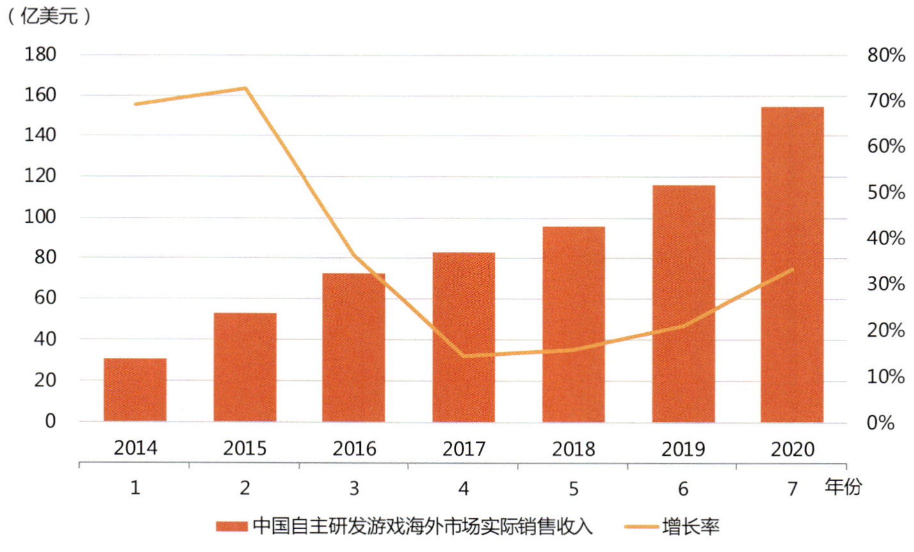

图 1-28　2014—2020 年我国自主研发游戏海外市场销售收入

资料来源：中国音数协游戏工委与中国游戏产业研究院，《2020 年中国游戏产业报告》，2021 年。

从趋势来看，海外市场不断拓展，美、日、韩仍为核心市场，来自这些市场的收入占比分别为 27.6%、23.9%和 8.8%，合计贡献了中国自主研发移动游戏“出海”收入的 60.3%，东南亚、俄罗斯、中东等市场取得不同程度突破。拓展渠道多种多样，资本优势突出的企业通过并购快速拓展海外市场，研发能力突出的企业通过优秀游戏产品打入市场，中小游戏企业与成熟的海外发行企业合作，还有部分企业为海外市场定制开发游戏。

（三）中国积极推进数字贸易开放合作

中国广泛开展数字领域国际合作。习近平主席在 2020 年全球服务贸易峰会致辞中提出，要同各国一道“共同致力于消除‘数字鸿沟’，助推服务贸易数字化进程”“加强宏观政策协调，加快数字领域国际合作”[①]。中国通过对外援助、发展融资，大力推进与发展中国家的数字领域合作。在基础设施领域，据国务院新闻办公室 2021 年 1 月发布的《新时代的中国国际发展合作》白皮书，截至 2019 年年底，中国支持建设了 37 个电信传输网、政务信息网络等电信基础设施项目，帮助伙伴国发展信息通信产业，为缩小国家间数字鸿沟作出积极贡献。在融资支持上，2020 年 6 月，亚洲基础设施投资银行推行数字基础设施行业战略，目前已与阿曼、柬埔寨、印度尼西亚等国启动项目合作，对其数字基础设施融资进行支持。

中国积极推动“数字丝绸之路”建设。“数字丝绸之路”是数字化时代赋予“一带一路”建设的新内涵。中国积极推动与沿线国家间的数字贸易便利化，作为两届“一带一路”国际合作高峰论坛的成果，中国海关总署、国家标准化管理委员会与多国共同发起设立海关和标准化领域的信息交换和共享平台，开展数字化公共服务合作，共享信息数据；与 16 个国家签署了“数字丝绸之路”合作备忘录；与阿联酋等 7 个国家发起“一带一路”数字经济国际合作倡议，与沿线国家共建国际陆缆海缆、跨境电商平台等数字基础设施，利用互通互利、共商共建来分享数字贸易和数字化转型的变革红利。如中国企业重点参建的 SAIL、PEACE、2Africa 等洲际海缆，正成为连接亚、

① 新华社:《习近平在 2020 年中国国际服务贸易交易会全球服务贸易峰会上致辞》，2020 年 9 月 4 日。

欧、非、南美等区域国家的重要跨国数字基础设施，使得沿线国家能够高速接入全球互联网，为数字化升级奠定良好基础。

中国积极推动和参与数字贸易全球治理。在多边层面，中国是 WTO 框架下电子商务谈判、信息技术产品协定等磋商的重要参与方。在对话机制方面，中国是 G20、亚太经济合作组织（APEC）等多边机制中数字贸易议题的主要推动者。在区域安排方面，中国积极参与签署《区域全面经济伙伴关系协定》（RCEP），推动电子商务、电信、知识产权等章节或附件达成共识。2021 年 4 月，中国率先向东盟秘书长交存 RCEP 核准书，推动其尽早生效实施，并于 2021 年 9 月正式申请加入《全面与进步跨太平洋伙伴关系协定》（CPTPP）。在双边协定方面，中国与韩国、澳大利亚、智利、毛里求斯等国签订的自贸协定中已纳入单独的电子商务或电信章节及附件。在标准合作方面，中国积极参与国际标准化组织（ISO）、国际电工委员会（IEC）和国际电信联盟（ITU）等联合国标准化组织的工作，与各国共同促进信息通信技术标准的演进升级。在网络空间全球治理、数字技术合作等领域，中国与各方一道积极贡献合作倡议和发展促进方案。

四、数字贸易国际规则制定

数字化转型和数字贸易的快速发展，赋予全球化新内涵、为世界经济发展注入新动力。各国为促进数字经济发展、加强知识产权与隐私保护等，不断强化自身监管，对数字贸易开放发展的制度环境与监管协调提出更高要求。“数字全球化”背景下，各国政策调整叠加全球治理博弈，数字贸易规则已成为多边、诸边、区域及双边经贸谈判的重要议题。新冠肺炎疫情背景下，数字贸易加快发展，正在全球经济恢复中发挥更为重要的作用。相比之下，数字贸易规则制定相对滞后，呈碎片化态势。未来，加强国际协调磋商、推进规则体系构建的重要性、紧迫性更为突出。

（一）数字贸易规则涉及的主要内容

信息通信技术的快速进步和数字经济的广泛渗透，推动数字贸易的交易内容和业务模式加速创新。未来贸易格局的变化、利益的分配，取决于系统性规则制定与制度构建，是“数字全球化”背景下各方关注的重点。目前，数字贸易发展涉及的规则领域日益广泛。有些规则是与数字贸易直接相关的显性议题，有些则是与数字治理环境密不可分的隐性议题，领域范围持续拓展且复杂交叉（见表 1-2）。

表 1-2　数字贸易涉及的主要规则议题

大类	分　类	议　　题	焦　　点
显性的数字贸易规则议题	当前议题	贸易便利化	通关便利化、无纸化贸易、电子认证和签名、电子发票等
		市场准入	服务市场开放承诺、GATS 电信附件等
		关税与数字税	电子传输关税、跨境电商最低免征税额、数字（服务）税等
		跨境数据流动	通过电子方式跨境传输信息、设施本地化等
		知识产权保护	源代码、商业秘密、数字内容版权、“强制技术转让”等问题
		网络安全和消费者保护	非应邀商业电子信息、在线消费者保护、个人信息保护等
	未来议题	数字货币规则	国际结算权利，数字货币的互操作、协调和透明度机制，相关安全机制等
		人工智能治理标准规则	价值观伦理、治理规则、国际国内治理标准规范等
隐性的数字贸易规则议题	传统贸易投资保护问题	数字领域的投资壁垒	外资安全审查、投资额外条件等
		传统贸易保护措施	补贴、政府采购、出口管制、技术性贸易壁垒、自然人流动等
		跨境司法管辖问题	跨境平台的协同监管、对本国境外平台的监管、对平台在境外侵犯本国权益或法律的监管等
	数字治理问题	数字技术标准的非歧视性及科技合作交流	标准组织及标准合作机制的开放性和非歧视性、国际技术标准的公益性和非歧视性等
		网络执法与网络主权	数据安全，内容审查，全球互联网的去中心化、分布式管理，避免恶意网络攻击等
		打造公平竞争的市场环境	反垄断、平台责任豁免、政务数据公开、对新兴技术的包容性、数字鸿沟等相关问题

注释：显性规则指在当前或未来多双边数字贸易、服务贸易投资谈判或非正式磋商中涉及的议题；隐性规则指不直接相关、但对数字贸易发展具有重要影响的议题。

虽然规则涉及领域广泛，但目前已开展的数字贸易规则谈判主要集中在贸易便利化、市场准入、关税与数字税、跨境数据流动、网络安全和消费者保护、知识产权保护、数字营商环境七大主题上。

一是贸易便利化。随着贸易方式数字化转型的不断深化以及国际连通性的持续提升，市场主体参与国际贸易的交易成本大幅降低，以“即时性、小规模、大批次、无纸化”为特征的跨境电商迅速发展，对贸易便利化的要求显著提升。目前，相关规则谈判主要涉及提升跨境电商通关效率及支持使用电子认证、电子签名、电子合同、电子支付、电子发票等具体规制及措施。

二是市场准入。数字贸易受制于既有国际贸易规则，所涉商品或服务能否进入国内市场以及进入的方式，取决于各成员在《服务贸易总协定》（GATS）和区域及双边协定下做出的具体承诺。目前，数字产品非歧视待遇、服务市场准入承诺、第三轮信息技术协定扩围谈判、更新 GATS 的电信附件等，成为数字贸易自由化与市场准入谈判的重要议题。

三是关税与数字税。在数字经济发展初期，各大经济体对相关新兴产业及跨境经济活动给予大量的税收优惠政策。近年来，由于跨境数字贸易的快速增长、对传统贸易业态的替代及跨国企业的国际避税导致各国税源大量流失，各国税收政策趋于强化管辖权，在关税及数字税的国际协调尚未达成共识前，一些国家选择开征具有单边性质的数字服务税，作为缓解税收损失、解决分配不合理的重要手段。2021 年七国集团（G7）就跨国公司最低税率达成一致意见，有可能影响各方在数字税上的政策选择。此外，对跨境电商的最低免征税额规定和电子传输免关税政策，也成为数字贸易规则探讨的重要内容。

四是跨境数据流动。数据作为新的生产要素和可交易的重要资产，是智能制造发展所依赖的关键投入要素，是云计算等新兴服务贸易快速增长的核心，是实现全球生产经营与供应链管理的重要依托。无论是货物贸易业态和模式的变化，还是服务贸易数字化转型，抑或是平台服务企业发展、跨国公司内部治理与全球化布局，都对数据跨境自由流动提出巨大需求，同时对隐私与商业秘密保护、网络安全等提出较高要求。

如何促进数据跨境自由安全流动，成为当前数字贸易规则谈判的核心议题，其中，跨境信息传输、计算设施位置（即“本地存储要求”）等是各方关注的焦点。

五是网络安全和消费者保护。互联网环境下，安全可靠、可信赖的网络环境，有助于提高交易双方开展数字贸易的积极性。规则谈判通常鼓励市场主体参与，涉及个人信息保护、在线消费者保护、垃圾邮件和网络安全事务合作等具体议题，以通过适当保护和有效追责，规范数据贸易的交易流程。

六是知识产权保护。知识产权保护是数字贸易的重要保障，如何确定知识产权保护的监管边界，是数字贸易规则建设中的重要议题，主要涉及数字内容版权、源代码等数字资产的保护。关于数字内容版权，主要包含“版权保护期延长”“电子复制纳入复制权范畴”“承诺政府仅使用正版软件”三项议题。关于源代码保护，现有区域经贸协定中的源代码规则均采用了“原则+例外”结构，原则性规定基本相同，谈判焦点在于确定禁止强制披露源代码的范围。

七是数字营商环境。数字贸易因其平台属性容易形成高度集中的市场结构，通过反垄断维护公平竞争的市场环境尤为重要。当前，规则谈判既包括对电信通道、互联网、大型互联网平台等数字基础设施的公平使用，又包含平台责任、打击市场垄断、建立包容性的技术创新环境等内容。未来，数字基础设施的技术标准等也将成为国家合作磋商的重要内容。

（二）规则制定的主要平台及路径

各国数字经济发展水平和数字贸易竞争力不同，对构建数字贸易国际规则体系的目标诉求各异、利益复杂交织，参与规则制定的路径选择也呈现多元化趋势。

一是多边谈判：各方对多边谈判和针对 WTO 现有规则的修订抱有期待，但议题设置、立场协调较为困难，寻求以电子商务谈判取得突破。数字贸易在交易对象、交付方式、生产组织方式上的变化，促使各国不断推出促进政策与监管调整。但现有多边贸易规则难以覆盖新业态、新模式的规制需要，解决数字化转型和数字贸易发展带来的新问题（见表 1-3），迫切需要修改调整以促进数字贸易发展、维护良好的监管秩序。1998 年 WTO 成员达成的《全球电子商务宣言》，受制于多重因素，除确定电子传输方式下的交易暂免关税外，未能就电子商务发展形成有约束力的国际规则。2019 年 1 月，在世界经济论坛电子商务非正式部长级会议上，包括中国在内的 76 个世贸组织宣布愿共同推进全球电子商务谈判（JSI）。为降低谈判难度，各成员同意在现有 WTO 框架基础上，仅就与贸易有关的电子商务问题进行谈判。但实际上探讨的议题超出了电子商务范畴，主要涵盖促进电子交易、开放与电子商务、信任与电子商务、交叉问题、电信附件和市场准入六大方面。

表 1-3　WTO 规则与数字贸易

<table>
<tr><th colspan="2">组　成</th><th colspan="2">WTO 相关规则</th></tr>
<tr><td rowspan="4">数字贸易内容</td><td>跨境电商</td><td>GATT/ TFA/ ITA</td><td rowspan="4">GATS/《全球电子商务宣言》</td></tr>
<tr><td>数字内容贸易</td><td>TRIPS</td></tr>
<tr><td>电信服务</td><td>GATS 电信附件</td></tr>
<tr><td>金融服务</td><td>GATS 金融附件</td></tr>
<tr><td rowspan="4">技术支撑</td><td>域名</td><td rowspan="4" colspan="2">TRIPS/ TBT</td></tr>
<tr><td>IP 地址</td></tr>
<tr><td>软件</td></tr>
<tr><td>互联网协议</td></tr>
<tr><td rowspan="4">基础设施支撑</td><td>海底和地面电缆</td><td rowspan="2">GATT/ ITA/ GATS 电信附件</td><td rowspan="4">TBT</td></tr>
<tr><td>卫星和无线网络</td></tr>
<tr><td>互联网交换点</td><td></td></tr>
<tr><td>设备（电脑、手机等）</td><td>TRIPS/ GATT/ TFA/ ITA</td></tr>
</table>

资料来源：OECD（2018），课题组整理。

二是诸边谈判：存在共识的部分国家先行达成高水平的协定，再寻求谈判成果的多边化。为了促进服务贸易高水平开放、弥补现行《服务贸易总协定》（GATS）的不足，2013 年美欧发起全球服务贸易协定（TISA）谈判，参与成员覆盖全球服务贸易的70%以上，中国、印度、巴西等发展中国家尚未加入谈判。TISA 采取非公开形式，开创性地采用市场准入“正面清单”与“负面清单”的混合模式，并引入由冻结条款和“棘轮机制”共同构成的禁逆转机制。作为 TISA 核心议题之一，谈判涉及当前数字贸易规则制定的诸多内容，但由于主要成员在跨境数据流动、隐私保护、文化例外等议题上存在较大分歧，随着美国在 2016 年宣布退出，谈判陷入搁置状态。

三是区域贸易协定（RTA）：引领全球规则制定走向的新平台。在多边谈判难以取得突破性进展的情况下，各国转而拓展利用区域或双边贸易协定谈判，通过在协定中设立专门的电子商务或数字贸易章节，将数字贸易议题纳入规则制定范畴，其影响力不断提升，正在成为推进和引领全球数字贸易规则制定的新路径、新平台。截至 2021 年 4 月，全球有 109 个区域或双边自贸协定包含数字贸易相关条款，涉及 WTO 三分之二的成员。所涉及的议题范围广泛、关注重点不同，根据议题是否被纳入 JSI 成员已签署的区域或双边自贸协定，可大致分为三类：第一类是有较强谈判意向的议题，即超过 75%的成员在其签署的自贸协定中包含了该议题，主要为消费者保护、电子传输免关税、电子认证和电子签名、未经请求的电子商业信息、无纸贸易和电子商务框架等；第二类是近期才被部分成员关注的议题，即 50%~75%的 JSI 成员在其签署的自贸协定中包含了该议题，涉及接入和使用互联网、以电子方式传输信息、源代码和网络安全事务合作等；第三类是因开放难度大或分歧较大导致谈判意向较弱的议题，即不足 50%的 JSI 成员在其签署的自贸协定中纳入该议题，如设施本地化、政务数据公开、交互式计算机服务和数字产品的非歧视性待遇等。如图 1-29 所示。

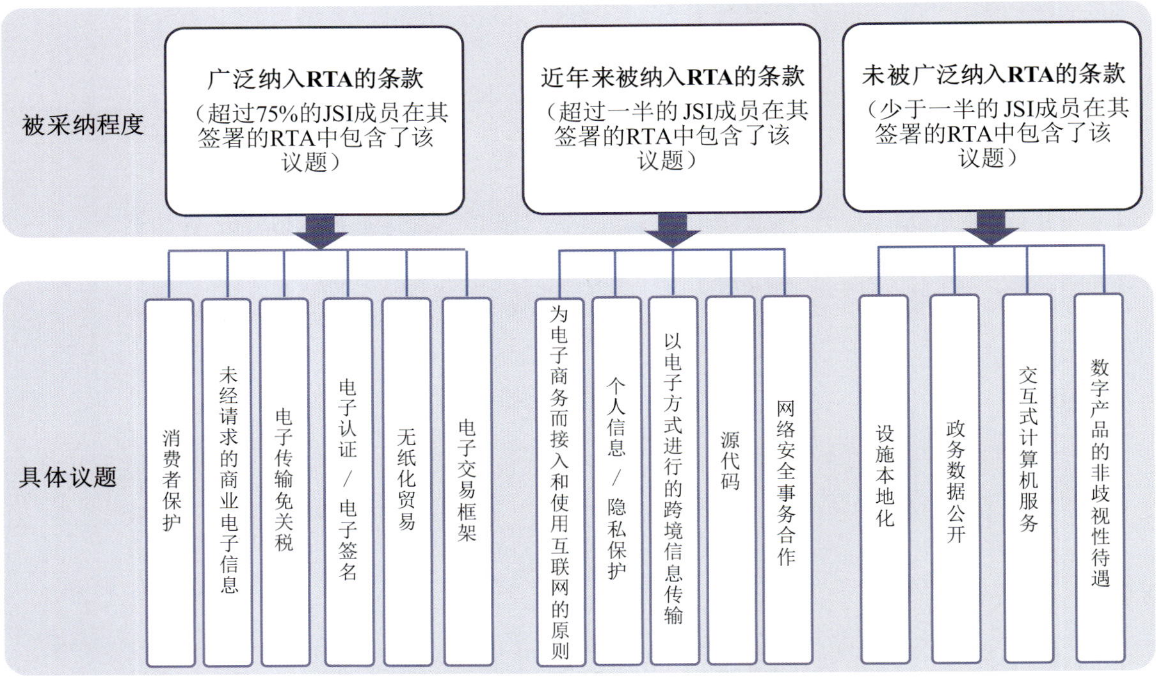

图 1-29　数字贸易主要议题被纳入区域贸易协定（RTA）谈判的情况

资料来源：Taku Nemoto and Javier López González，Digital Trade Inventory: Rules, Standards and Principles，2021.

其中，基于美国推动的《全面与进步跨太平洋伙伴关系协定》（CPTPP）与《美墨加协定》（USMCA），均体现了美国推动数字贸易规则的核心诉求，代表了当前区域或双边自贸协定中数字贸易规则的最新进展。如 CPTPP 的电子商务章节增加了跨境数据流动、存储本地化、互联网互联费用分担、网络安全、源代码、国内电子交易框架、个人信息保护和争端解决等新条款。2020 年 7 月生效的 USMCA，更是首次采用“数字贸易”替代“电子商务”章节，不仅涵盖的经贸领域更为广泛，而且规制更加严格，如在禁止各国要求公开源代码基础上甚至禁止公开“该源代码中表达的算法”、禁止数据本地化的要求包括禁止有关金融服务的数据本地化等。中国参与达成的《区域全面经济伙伴关系协定》（RCEP），是迄今为止全球最大的贸易协定，电子商务章节包含数字贸易规则的多数议题，是发展中国家在参与高水平数字贸易规则建设上迈出的重要一步。表 1-4 是 CPTPP、USMCA、RCEP 中数字贸易章节的主要条款对比。

表 1-4　CPTPP、USMCA、RCEP 数字贸易相关条款对比

主题	具体议题	CPTPP	USMCA	RCEP
贸易便利化	无纸贸易	√	√	√
	电子认证/电子签名	√	√	√
	电子交易框架	√	√	√
市场准入	数字产品的非歧视待遇	√	√	×
关税	关税	√	√	√
跨境数据流动	计算设施的位置	√	√	√
	以电子方式进行的跨境信息传输	√	√	√
知识产权保护	源代码	√	√	×
可信赖的互联网环境	线上消费者保护	√	√	√
	个人信息保护	√	√	√
	未经请求的电子商业信息	√	√	√
	网络安全事务合作	√	√	√
数字营商环境	为电子商务而接入和使用互联网的原则	√	√	×
	交互式计算机服务	×	√	×
	政务数据公开	×	√	×
通用及其他	合作	√	√	√
	透明度	√	√	√
	电子商务对话	×	×	√
	争端解决	√	√	×
	互联网互联费用分摊	√	×	×

资料来源：课题组根据公开资料整理。

四是数字贸易协定：专门就数字贸易做出制度性安排。为推动数字时代的贸易发展与加快开放，近几年一些国家采取专门商签数字贸易协定的方式，推动规则制定。《美日数字贸易协定》（UJDTA）、《新加坡—澳大利亚数字经济协定》（SADEA）、《新加坡—新西兰—智利数字经济合作伙伴协定》（DEPA）都是采用这一方式。这些专门的数字贸易协定体现了规则条款的全面性、高水平和灵活性。例如，UJDTA 在借鉴了 USMCA 数字贸易章节的基础上，增加了数字服务税、金融服务计算设施的位置等规定，更加强调对知识产权的保护；DEPA 虽未涉及上述条款及源代码问题，但将协议

内容从数字贸易拓展到数字经济，强调包容性，特别是以“模块化、宽覆盖、重合作”的模式设置议题，允许参与方选择不同水平的议题模块进行谈判。采取这种模式，有助于在议题设置和吸纳新成员上更加灵活开放，大大降低了谈判难度、提高了协定的可参与性，也为更多国家参与探索签署高标准规则协议提供了新的谈判架构与路径选择。

此外，其他公约、平台与主体，在专项领域和技术规范上，对数字贸易的国际规则制定发挥着较为重要的影响力。除了具有约束力的正式框架协定，不少政府间对话平台或专业性组织在部分议题上更具监管优势，主要包含四类：第一类是当前依旧发挥重要作用的早期国际公约或规范，如联合国国际贸易法委员会（UNCITRAL）所制定的《联合国国际合同使用电子通信公约》和《电子商务示范法》，是 CPTPP 和 RCEP 等协定制定监管框架的重要参考；亚太经济合作组织（APEC）的《跨境隐私规则体系》（CBPR），则是美国、日本、新加坡等签署协定中确定个人信息保护国际标准的重要依据。第二类是国际机构或治理对话平台发挥重要作用，例如在数字税探索上，G20 充分发挥其作为全球经济治理重要平台的引领作用，指导 OECD 历经数年研究确立全球数字服务税的基本原则与支柱框架。第三类是成员方内单边规制外部化，例如，欧盟出台《通用数据保护条例》（GDPR），导致与欧盟市场有联系的国家需要修改国内法以满足 GDPR 的要求，否则将会影响数字贸易企业正常的经营活动，由此对全球商业规范塑造产生较大影响，该现象被称作“布鲁塞尔效应”。第四类是影响基础设施的技术标准与商业规范。一方面，依靠领先企业的积极性和优势地位，如在 5G 等数字基础设施建设上，由于数字设施联通需要统一的技术标准，处于市场领先地位的跨国公司确立的标准或规范会使后来者不得不遵守，成为实际意义上的国际规则；另一方面，部分国家和地区致力构建数字基础设施联盟，例如，美国与日本、澳大利亚共同发起“蓝点网络”计划，意欲打造“全球标准”的基础设施建设标准体系，以此影响区域数字设施联通和网络安全能力建设的标准与规范。

（三）主要议题的谈判进展

1. 基本形成共识且推进较快的议题

全球电子商务谈判（JSI）是在 WTO 框架下进行的最主要数字贸易规则谈判。目前，谈判方已增至 86 个 WTO 成员，涵盖主要经济体和不同发展水平的国家，贸易规模合计占全球 90%以上；谈判各方已在垃圾邮件、电子认证/电子签名、电子合同等议题上取得了实质性进展，在政务数据公开和消费者保护等议题上也已基本形成共识。虽然部分发展中国家缺乏电子商务监管框架与隐私保护等国内法规，电子商务相关规则的落地适用仍面临不小挑战，但在 WTO 改革迟迟未真正启动的情况下，此项规则谈判已成为各方维护多边体系、紧跟现实发展需要加快国际规则调整的主要渠道，有可能成为多边框架下数字贸易规则制定的早期收获和最大亮点。

2. 存在较大分歧的议题

一是跨境数据流动。各方高度关注跨境数据流动所蕴藏的巨大发展潜力，但为防范信息泄露风险和网络安全威胁，许多国家不断强化对个人信息与重要数据的流出限制及计算设施的本地化要求。如何在促进数据自由有序流动和保护个人隐私及公共利益安全之间取得有效平衡，达成具有广泛国际共识的跨境数据流动规则，成为数字贸易规则制定的关键和难点。

针对跨境数据流动，存在四种基本模式或方案：一是美国方案，强调跨境数据自由流动、禁止本地存储要求，同时为国家安全和关键领域设置“例外条款”，如金融服务，支持由行业驱动的多个利益攸关方进行共治的数字贸易框架；二是欧盟方案，在支持数据跨境自由流动的同时，更加注重隐私保护，在确保公民隐私权得到同等保护的前提下，通常不会对跨境数据流动设置其他“例外条款”；三是中国方案，支持推动与贸易有关的跨境数据流动，同时对个人信息和重要数据给予特殊保护，倡导兼顾多方诉求，既尊重发达国家关注的数字贸易利益，也呼吁尊重发展中国家关注的数据安全与产业发展利益，允许缔约国基于公共目标或者国家基本安全利益而采取相应的本地化管制措施；四是日本方案，提出了“基于信任的数据自由流动倡议”，即 G20“大阪方案”，对个人隐私数据以及涉及知识产权和国家安全方面的数据严格保护，对工业数据等非个人的数据鼓励自由流动。

就设施本地化而言，GATS 没有对设施及数据本地化进行纪律规定，诸多自贸协定原则上禁止计算设施的本地化要求，但为满足监管的特殊需要，允许对本地化要求设置“例外条款”，尤其是在金融服务及关键基础设施等领域。目前，对“例外条款”设置不存在太大争议，而确定适度的例外范围则是各方博弈焦点和规则制定的难点。

二是电子传输免关税和数字税。随着数字贸易规模迅速扩大，税制改革与协调成为国际规则谈判焦点之一，主要涉及两大议题：第一，关于电子传输免关税，美、欧均支持免关税，包括通过电子方式传输的内容；加拿大、新西兰等不反对免除关税及其他收费，但主张不能阻碍对这类产品征收国内税费；印度、南非等则认为免关税将严重侵蚀成员财政收入。大多数发展中国家提议维持现行做法，未来在多边框架中随 WTO 改革而调整。由于各国僵持不下，目前仅通过连续更新“暂停对电子传输征收关税”决议保持其法律效力。最近一次为 2019 年 12 月，效力将延长至 2021 年年底第十二届贸易部长级会议。第二，关于数字服务税（DST），数字贸易蓬勃兴起带来跨国间税权划分与收益归属的难题。围绕数字经济对国际税收分配与管理的影响，一些国际组织相继发起了经济数字化的国际税收改革研究，如 OECD 的“双支柱”蓝图、联合国的双边协调方案，在多边方案尚未达成广泛共识的情况下，作为临时性补偿措施，一些国家宣布或已实施具有单边性质的数字服务税引发巨大争议。据不完全统计，目前全球已实施数字服务税（DST）的国家（地区）有 9 个，有意向实施的国家有 6 个，且范围正在由欧洲向亚洲和非洲拓展。目前，按各国公布方案的征收范围，从宽到窄可大致分为三类：以欧盟版提案为主，主张对在线广告、在线中介与数据销售的收入课税，新西兰、意大利、西班牙等国都按此范围设计 DST；以英国方案为主，主张对搜索引擎、社交媒体平台和在线市场（中介）的收入课税，土耳其、以色列采取同类方式；以奥地利、匈牙利等国方案为代表，仅对在线广告收入征税。此外，欧盟层面也在推动形成统一的数字税法案。

三是数字知识产权保护。知识产权保护对于维护数字贸易企业商业秘密、保障企业利益及促进自由贸易至关重要。谈判焦点集中在源代码保护上。大多数成员方原则上同意“不要求披露与保护知识产权有关的源代码”，分歧在于如何确定源代码例外情况的范围等。依据 WTO 现行规定，成员方有权在符合《技术性贸易壁垒协定》（TBT）的前提下，对可能导致网络安全漏洞的“后门”进行测试，以决定是否允许将加密技术进口到本国并在本国销售。美国认为，金融交易的源代码需要向财政部披露，以便防止洗钱或逃避经济制裁；欧盟认为，禁止披露源代码规定“不妨碍”违反竞争法、保护知识产权和维护国家安全利益等方面的执法；日本则给予政府控制的网络和执法事项例外处理。由于完全禁止强制披露源代码，妨碍有效应对网络安全威胁以及进行反垄断调查或专利审查的正当司法程序，分歧的根本在于平衡商业利益与公共政策目标之间的矛盾。除此之外，关于数字内容版权，《与贸易有关的知识产权协定》（TRIPS）规定的版权保护期限为 50 年，美国所签署的许多区域贸易协定中进一步延长至 70 年。

四是数字产品的非歧视待遇。非歧视待遇是 WTO 的基本原则之一，但现有开放承诺及 GATS 规则无法与快速发展的数字化服务明确对应，因此，“数字产品的非歧视待遇”成为数字贸易规则构建的重要内容。美、日等发达国家明确主张“对数字产品及其提供者的待遇不低于其他同类产品的待遇”，但绝大部分发展中国家对此持反对态度，因为它们通常是数字贸易净进口国，这项规则一旦实施，就意味着即使一国在 WTO 框架下没有就该服务做出具有约束力的开放承诺，提供数字产品及类似服务也必须适用非歧视原则、允许数字产品或服务自由进入本国市场，使国内数字贸易企业面临较大竞争压力。

五是平台责任。相关条款首次出现在 USMCA 数字贸易章节，旨在对网络中介等交互式计算机服务提供者在知识产权以外的侵权行为予以民事责任豁免，《美日数字贸易协定》沿袭了这一条款。从分歧来看，美国、日本等国为支持本国互联网企业全球拓展，积极推行网络服务提供者（ISP）“安全港”制度，不增加对互联网中介服务者的额外责任，以降低平台的运营成本，促进依赖用户创作与互动的互联网平台经济发展；其他大多数国家则主张平台应承担公共管理责任与用户权益保护双重义务。

3. 谈判存在分歧的原因

一是数字贸易涉及领域广、内容新、复杂性强，达成共识的难度较大。数字贸易业态发展快、更新迭代迅速，不同市场环境下又存在模式差异，大大提升监管要求与创新难度，各成员难以就数字贸易、数字产品、数据流动和电子传输等基础概念达成共识，范围界定也因动态发展而难以明确，规则谈判缺乏必要的前提。与此同时，数字贸易对经济社会全面快速渗透，带来隐私泄露、道德伦理和价值取向等一系列新问题，各方理念上的差异和认知上的不同，进一步加大达成共识的难度，多边谈判进展缓慢。

二是主要经济体核心关注不同，利益分歧难以弥合。发达国家数字经济领先，产业发展起步早，企业国际竞争力较强，更强调扩大市场准入和减少贸易壁垒，已开始向高标准新规则转型，以服务其互联网企业在全球扩张的商业利益需要。绝大多数发展中国家面临“数字鸿沟”，总体上处于劣势地位，在监管能力、产业基础、规则话语权等方面存在较大差距，不但面临安全监管问题，还面临贸易权益和发展权保护问题，参与高水平规则谈判的积极性受到较大影响，更为关注贸易便利化层面的开放发展以及中小微企业权益保护等议题。

三是谈判议题相互交织，单点突破的可能性较小。随着贸易数字化转型的深入推进，数字贸易议题日益增多、利益相互交织，谈判错综复杂。例如，跨境数据流动与隐私保护、设施本地化、服务市场准入、数字产品的非歧视待遇、信息技术协定扩围等都存在相互关联性，在任何议题上达成全球共识，都需要多个领域的国内配套改革和国际广泛协调，单一谈判取得实质性突破的难度较大。

（四）推进数字贸易规则制定下一步努力的方向

当前，数字贸易在全球范围内呈现快速发展之势，潜力巨大、前景可观，各方对制定数字贸易规则的需求迫切。在数据已成为重要生产要素、数字化转型快速发展的背景下，各方已充分认识到，共同完善数字贸易规则体系，确保数据安全利用、数字贸易有序开展，将有助于构建良好的数字贸易发展环境，促进各方共享数字贸易发展机遇，推动世界经济复苏和新一轮增长。

鉴于此，各国应以“共商、共建、共享”为基本路径，以开放包容、求同存异、互帮互助、互利共赢为主要原则，多边、区域、双边、诸边等多种平台路径协同发力，着力完善国际合作机制、构建全球数字贸易规则体系。要加大对最不发达国家和发展中国家的援助力度，积极推进缩小“数字鸿沟”；要加强联合应对疫情磋商，充分发挥数字贸易在抗疫和复工复产中的作用；要采用更具灵活弹性的谈判框架，鼓励率先探索新议题规则和发展监管实践经验积累分享，多措并举促进数字贸易规则制定和国际治理体系完善，为数字贸易和数字全球化发展营造良好制度环境。

五、加强数字贸易开放发展与合作

（一）推动数字贸易开放发展与合作意义重大

一是成为推动全球经济复苏与增长的重要引擎。数字转型极大地拓展了贸易的广度和深度。在全球经济复苏不及预期背景下，电子商务、数字贸易已成为全球贸易和经济增长的突出亮点。据中国海关统计，2020 年中国跨境电商进出口同比增长 31.1%，远高于同期货物贸易总体 1.9%的增速。根据联合国贸易和发展会议（UNCTAD）报告估计，由于新冠肺炎疫情导致的流动限制，电子商务的急剧增长使得在线零售额在全球零售总额中的份额从 2019 年的 16%增加到 2020 年的 19%。在“后疫情”时代，加强数字贸易合作、推动数字贸易快速健康发展，将成为各国促进经济恢复、推动世界经济持续增长的重要引擎。

二是为全球数字经济发展和供应链稳定提供有力支撑。新冠肺炎疫情期间，生产运输受到较大影响，人员往来受到极大限制，威胁到全球产业链、供应链的稳定安全。贸易数字化提供了很好的替代方式，只有各经济体间持续加强合作，才能有效应对疫情冲击，维护国际市场稳定，降低全球供应链上各类企业的运营成本，对全球经济复苏发挥促进、支撑作用。

三是促进全球数字化转型和市场空间拓展。在产业链、供应链高度全球化的背景下，降低跨境壁垒、打破地域边界，加强数字基础设施联通，实现跨境数据自由有序流动、集成开发利用，有利于促进各国产业链、供应链的平稳衔接，并创造出巨大增值空间。一国数字市场的爆发式增长是暂时的，只有加强数字贸易合作，充分释放数字贸易及跨境投资的巨大潜力，才能持续激发数字化变革活力，才能形成全球数字经济的蓝海，创造出数字化转型发展的机遇。

四是助力全球新冠肺炎疫情的有效防控。2020 年以来，联合国相关机构和主要国家发起了多项数字技术抗疫倡议，其落地实施对于推进数字抗疫国际合作平台建设、助力抗疫和复工复产起到了积极作用。在疫情不断出现反弹的背景下，加强数字贸易合作，保障数字贸易平台间的跨境互通、对接落地和线上线下结合，才能尽可能地减少人员流动接触感染，才能更好地保障各国企业沟通和交易，保障各国基础药品、食品、原料、设备等生产生活物资的跨境稳定供应，才能筑起共同应对疫情危机的坚实防线。

（二）求同存异，共商共促数字贸易开放发展与互利合作

面对数字经济时代全球化发展新趋势，各国需顺应信息化、数字化、智能化发展要求，及时抓住新一轮信息技术革命和产业变革新机遇。要坚持开放包容、平等合作、互利共赢原则，以共商、共建、共享汇聚合力；要增强数字基础设施联通，缩小全球“数字鸿沟”；要优化数字贸易发展环境、推动数字化转型，进一步挖掘增长潜力，共同促进数字贸易创新发展与开放合作。

1. 强化数字基础设施合作，筑牢硬能力

数字基础设施是数字经济和数字贸易发展的前提，也是数字贸易发展最为突出的短板，应集中资源，加快基础设施建设与联通，突破制约数字技术应用推广和数字贸易发展的关键瓶颈。一是加强设施互联。鼓励设立相关数字基础设施建设基金，撬动商业金融机构投融资，支持发展中国家网络建设和普及，完善公共服务数字化平台，加强跨境海底光缆建设合作，推动各类数字基础设施互联互通。二是推动标准互通互认。支持联合国标准化机构在数字基础设施标准领域发挥关键作用，围绕提升联通水平，推动各方平等磋商和立场协调，避免将技术标准政治化，推动数字支付、通关等基础设施标准的合作及兼容。三是加强对发展中国家和最不发达国家的综合援助。发

挥 WTO、G20 等多边平台机制的协调作用，在设备、资金、人才等方面加大对数字经济发展滞后国家的能力建设支持力度，加强数字使用技能培训，支持云计算、物联网、工业互联网领域的中小企业发展，推动电子商务、数字支付等业务模式的本地化普及，尽快弥合“数字鸿沟”。

2. 推动规则合作，完善数字贸易发展的制度环境

疫情大流行对国际贸易形成严峻挑战，也为数字贸易发展带来新机遇，使各国认识到通过加强磋商、凝聚共识加快推进数字贸易规则制定的重要性和紧迫性。为营造开放包容、平等合作、高效监管、风险可控的市场与制度环境，推进数字贸易规则制定应遵循以下原则：一是坚持平等协商。利用多双边、诸边及区域等合作平台，就数字贸易治理开展平等对话和充分沟通，尊重不同发展阶段国家的利益诉求，协调各国立场与政策，加快构建符合数字贸易发展需要的国际规则制度体系。二是践行开放合作。支持 WTO 等多边机制在国际规则谈判中的主导地位，鼓励在自贸协定中纳入电子商务或数字贸易章节，通过开放合作充分挖掘数字贸易、数字经济发展潜力。三是务实提升谈判效率。在数据流动、市场准入、数字产品服务税收等重点议题谈判上，采取灵活、循序渐进的机制安排，持续推动削减数字贸易壁垒，降低跨境交易成本，增强精准监管能力，提升网络安全等例外监管措施对数据流动的包容性，为数字贸易发展营造良好的制度环境。

3. 推进“数字丝绸之路”合作，实现互利共赢发展

共建“数字丝绸之路”，是合作推进数字贸易新技术、新业态、新模式发展的共赢之举，应秉持开放包容的精神，将之打造为抢抓数字经济全球化机遇的新机制、新平台。一是加强规划对接。各国要协调数字贸易发展的总体目标和长远利益，加强数字基础设施联通，激励数字技术的跨境扩散应用，对接标准和制度，营造良好的数字贸易营商环境。二是共享发展机遇。构建更广泛的、开放共享的数字贸易合作伙伴关系，完善常态化交流合作机制，加强产业对接、增强供应链韧性，打造数字贸易合作示范项目。三是拓展合作空间。鼓励开展双边合作、区域合作与第三方市场合作，重点建设一批跨境数字贸易合作园区。

4. 促进数字贸易企业合作，增强商业原动力

企业是数字经济和数字贸易发展的主体，数字贸易的蓬勃发展归根结底依赖于贸易企业和平台的创新发展。一是搭建企业国际交流平台。鼓励数字化领军企业牵头建设国际性伙伴关系网络，借助论坛、组织等加强产业链、供应链上下游企业交流，分享发展经验，促进跨国合作。二是共筑基础设施和公共服务平台。鼓励跨境电商、云服务等平台企业协同构建数字贸易发展生态，协力打造跨国供需对接的服务网络，支持中小企业开展在线交易，促进数字技术创新与应用。三是加强协同创新。鼓励数字贸易企业加强全球供应链合作，协同提升数字产品、解决方案、运营服务、安全保障等关键能力，分享平台抗疫、云端应用、直播带货、数字化转型等方面的数字创新创业经验。

5. 加强智库交流合作，发挥智慧引领作用

加强智库在数字贸易领域开展研究与交流，为促进政府间规划对接、企业跨国业务拓展、国际规则磋商提供强有力的智力支撑。一是加强研究合作。利用联合研究、多双边论坛等拓展交流渠道，针对数字贸易概念、统计等基础性问题，就数据跨境流动与隐私保护协调等前沿问题，进行动态跟踪与交流研讨，促进宏观政策协调，支持全球数字贸易政策体系朝着开放、包容、普惠、公平、合理的方向发展。二是建立信息共享机制，就数字贸易壁垒、贸易投资自由化便利化、数字能力建设等分享政策变化与实际进展，就数字贸易发展的制度与市场环境进行更为客观全面的评估，提出建设性解决方案和政策建议。三是分享发展经验。支持智库总结各国数字贸易发展经验，梳理数字行业经典成功案例，通过经验分享推动数字贸易快速健康发展。

专题研究

专题一
数字经济营商环境的国际指标框架及政策指向

数字经济给各国带来巨大红利的同时，也对各国营商环境提出了全新要求，近年来国际组织纷纷将数字经济营商环境相关指标纳入国别评价体系。我国数字经济规模位居全球前列，很大程度上就得益于国家大力推进“放管服”改革、优化营商环境。新冠肺炎疫情暴发以来，我国各行业各领域数字化转型进一步提速，建议同步加快构建符合我国国情的数字经济营商环境评价体系，优先从短板环节切入，加快制度创新和政策供给。

一、数字经济营商环境正成为国际组织开展各类国别评价的关注重点

近年来国际组织在开展国别评价时，已将数字经济相关指标纳入评价体系，大致可分为三类（见图 2-1）。

第一类是针对数字经济营商环境的试评价。以世界银行“数字营商指标”（Digital Business Indicators）项目为代表，旨在研究各国促进数字经济的最佳监管实践（见图 2-2），鼓励国家间的良性竞争，建立更加高效的数字经济制度框架。该项目源于 2017 年，指标体系包含网络连接度、数据隐私和安全、物流、支付和数字市场监管 5 个方面，下设 12 个二级指标，以问卷形式采集数据。2018 年，世界银行对韩国、法国、印度尼西亚、越南、阿联酋、肯尼亚等 21 个国家进行了试评价，我国不在其中；2019 年，世界银行对方法论做了进一步完善，2020 年对全球 100 个国家开展评价。

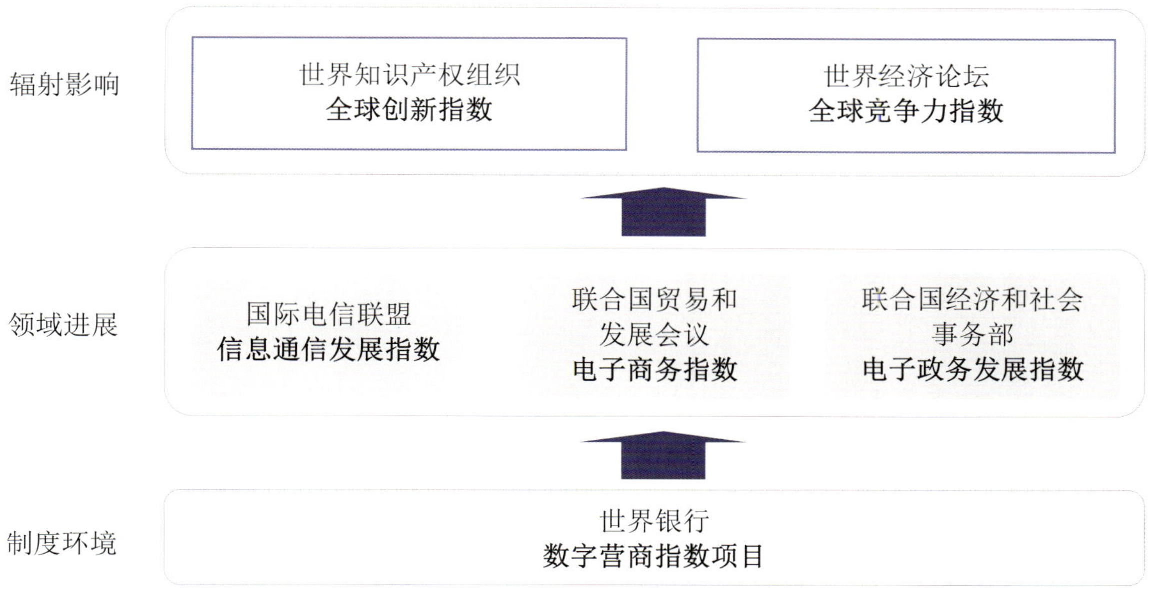

图 2-1　六个国际组织评价体系的逻辑关系及分类

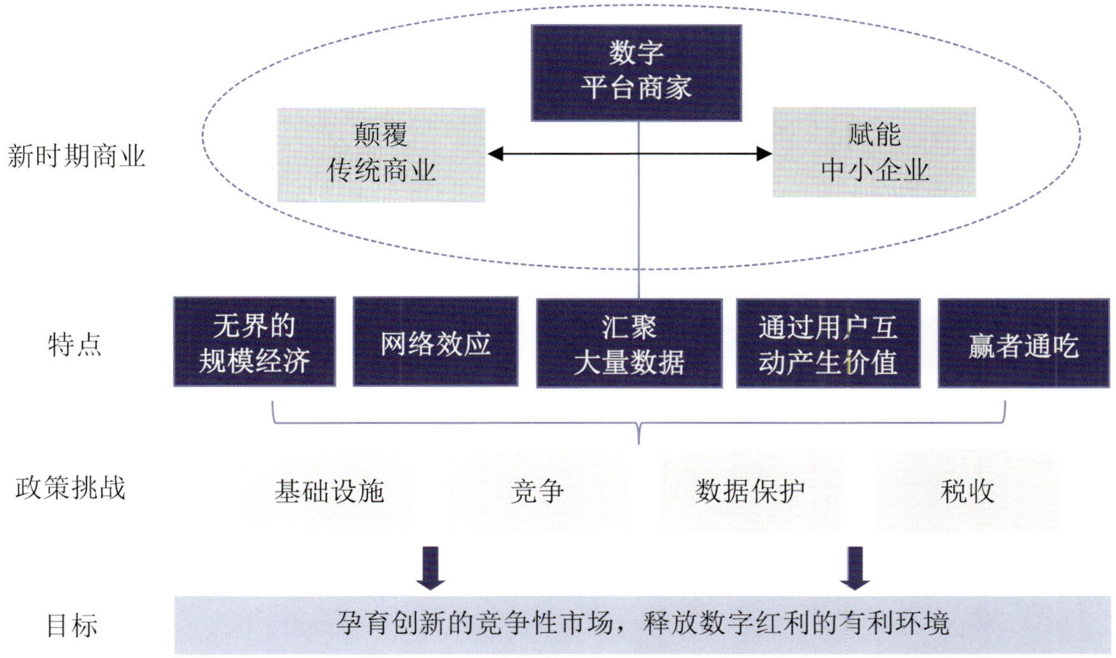

图 2-2　世界银行提出的数字商业生态及其政策挑战

第二类是针对数字经济具体领域的专题评价。国际上广为关注的指数有三个：一是信息通信发展指数（ICT Development Index），由国际电信联盟于 2009 年推出，包括信息通信接入、信息通信使用和信息通信用户技能 3 类指标，2017 年我国排名第 80 位（176 国）。近两年国际电信联盟拟将固定宽带速率、移动流量使用等指标纳入，但面临数据采集难题，目前尚在修订中。二是电子商务指数（E-Commerce Index），由联合国贸易和发展会议于 2014 年推出。该指数包括互联网个人普及率、金融账号或移动钱包个人持有率、安全服务器占比、万国邮联可靠性 4 个指标，2000 年我国排名第 55 位（152 国）。三是电子政务发展指数（EGDI），由联合国经济和社会事务部于 2011 年推出，包括在线服务指数、通信基础设施指数、人力资本指数三类指数，旨在衡量各国利用数字技术提供公共服务的水平，2020 年，我国排名第 45 位（193 国）。

第三类是将数字经济指标作为构成要素的综合评价。有两个指数受到关注：一是全球创新指数（GII），由世界知识产权组织（WIPO）于 2007 年推出。该指数包括 5 个创新投入指标（制度、人力资本与研究、基础设施、市场成熟度、商业成熟度），2 个创新产出指标（知识与技术产出、创意产出），旨在为各国衡量创新活动和制定创新政策提供参考，2020 年我国排名第 14 位（131 国）。二是全球竞争力指数（GCI），由世界经济论坛于 2004 年推出，旨在衡量一国经济持续增长的能力，该指数包括制度、基础设施、信息通信技术的应用、宏观经济稳定性、医疗卫生、技能、产品市场、劳动力市场、金融制度、市场规模、商业活力、创新活力 12 类指标，2019 年我国排名第 28 位（141 国），其中数字基础设施、人口数字技能、服务业竞争程度等是薄弱环节。

二、从国际评价体系看数字经济营商环境的关键构成

提取六个国际组织评价体系中与数字经济营商环境相关的指标（见表 2-1），可以发现主要包括五类环境。

表 2-1　六个国际组织评价体系中涉及数字经济营商环境的五类指标

	世界银行	国际电信联盟	联合国贸易和发展会议	联合国经济和社会事务部	世界知识产权组织	世界经济论坛
指标名称	数字营商指标	信息通信发展指数	电子商务指数	电子政务发展指数	全球创新指数	全球竞争力指数
首发年份	2018 年	2009 年	2014 年	2011 年	2007 年	2004 年
我国最新排名	—	80 位/176 国	55 位/152 国	45 位/193 国	14位/131国	28 位/141 国
数字基础设施环境	1.网络连接程度（普遍接入、域名获取和保护） 2.金融支付 3.物流	1.信息通信接入（电脑家庭比重、接入互联网家庭比重、国际互联网带宽、移动网络覆盖人口） 2.信息通信使用（移动宽带普及率、移动流量）	1.互联网个人普及率 2.万国邮联可靠性分数	通信基础设施指数（TII）	1.通用顶级域数量（TLD） 2.国家顶级域数量 3.信息通信基础设施	信息通信技术应用（移动电话、移动宽带、固定宽带、光纤入户率）
数字经济创新环境	—	信息通信技能（平均受教育年限、总入学率、具有信息通信技能人群占比）	金融机构账号或移动钱包个人持有率	人力资本指数（HCI）	1.信息通信和商业模式创造 2.信息通信和组织模式创造	1.职业人口数字技能创业风险的态度 2.金融制度
竞争与消费者保护环境	数字市场监管（消费者保护、平台责任、电子签名）	—	—	—	—	1.税收和补贴对竞争扭曲 2.市场主导程度 3.服务竞争性

续表

	世界银行	国际电信联盟	联合国贸易和发展会议	联合国经济和社会事务部	世界知识产权组织	世界经济论坛
数据与安全环境	数据隐私和安全（个人权利、跨境数据流动、数据安全与执法）	—	安全加密互联网服务器占比	—	—	—
监管与服务环境	数字市场监管	—	—	在线服务指数（OSI）	1.监管质量 2.法治	1.法律框架对数字商务模式的适应性 2.政府监管负担 3.数字参与程度

（一）数字基础设施环境

数字时代，信息流、资金流和物资流在加速重构，衍生出以宽带网络、金融支付和数字物流为载体的数字基础设施。一是宽带网络基础设施。国际组织首先关注的是域名指标，如通用顶级域名（TLD）数量、国家和地区顶级域名（ccTLD）数量以及“获取和保护域名”制度；其次是网络接入指标，如固定宽带接入率、移动宽带接入率、网络速率等；再次是用户普及指标，如个人互联网普及率、信息通信（ICT）使用率指标。二是金融支付设施。国际组织关注的是个人拥有金融机构账户或移动钱包的比率，以及与支付设施相关的“支付许可”“支付鉴权与处理”“支付安全”等指标。三是物流设施。国际组织关注物流绩效指数（含通关、海运、竞争力、追溯、时长等）、物流可靠性（如万国邮联可靠性），以及跨境交易的物流包裹监管制度。这三类设施是发展数字经济的基本前提。

（二）数字经济创新环境

数字经济离不开孕育创新、包容创新的外部制度环境。在创新环境营造方面，国际组织关注四类指标：一是人口数字素养，如就业人口或者全国人口中拥有数字技能的人员比率，以及国民平均受教育年限、入学率等，反映出对数字化人才供给的重视。二是对创业风险的态度，创业文化是孕育创新的摇篮，世界经济论坛就将“创业风险的态度”列为评价指标，通过调查全球企业高管来获取数据。三是金融制度，如风投资金可得性、市场资本化程度、给私人部门的信贷比重、中小企业融资等。此外，创意产出也是关注领域。例如，世界知识产权组织将信息通信与商业模式融合创新、信息通信与组织模式融合创新以及移动应用程序的产出 3 个指标纳入全球创新指数评价中。

（三）竞争与消费者保护环境

数字经济具有显著的网络效应、规模经济和赢者通吃特征，平台企业围绕用户注意力展开竞争，并基于大数据分析提供服务。围绕数字市场监管，国际组织关注两大类问题：一类是市场公平竞争。除了服务业竞争程度、市场集中程度以及竞争中立（如税收和补贴对竞争的扭曲）外，还有国际社会热议的数字平台垄断问题。另一类是消费者保护。世界银行单独将“数字市场管理”作为数字营商环境的评价指标，凸显其重要性，包括权益保护（如信息披露、赔偿规则、纠纷解决等）、平台责任（如入驻店家侵犯第三方商标时，平台担负何种责任等）、电子签名（如签名的法律地位、证据有效性、签名认证）等。

（四）数据与安全环境

数字技术伴生的安全问题日益突出，影响人们对数字经济的信任程度。国际组织关注四个方面：一是服务器安全。联合国贸易和发展会议将有安全加密的互联网服务器数量占比作为四个核心指标之一，凸显安全底线原则。二是个人数据保护。网络数据包含了海量个人数据，世界银行设置了合法采集、知情同意，用于特定目的、删除个人数据等细化指标。三是数据跨境流动。数据安全关乎国家安全，中心议题是数据跨境流动，如是否允许将个人数据转移至第三国、前提条件是什么。四是数据安全与执法。重点关注数据处理、内部控制、数据加密、数据安全培训、数据泄露等。

（五）监管与服务环境

支持数字经济发展的关键是给新模式以萌发的机会，为创业创新提供更大空间。国际组织关注三方面内容：一是监管包容性。新事物往往具有不同于旧业态的发展特点，要求新业态“削足适履”只会限制其发展，世界经济论坛的评估框架从“法律框架对数字商务模式的适应性”“政府监管负担”两个指标来了解制度的包容性。二是监管质量。主要从推动监管程序的公开透明和依法实施的角度，了解“监管质量”和“法治程度”。三是在线服务。在线服务拓展了政务服务边界、方便了企业和群众。联合国、世界经济论坛、世界知识产权组织均将在线服务指数（HCI）作为关键构成之一。

三、开展数字经济营商环境评估背后的政策诉求和指向

数字经济营商环境包含诸多维度，剖析指标背后的政策诉求，可为进一步优化数字营商环境提供导引。

（一）建设数字基础设施，要求放宽市场准入，降低使用成本，促进数字红利普惠分享

数字基础设施是数字经济繁荣发展的基石。建设数字基础设施关键是调动社会资本积极性，提高供给质量。在网络设施方面，要降低准入门槛，通过拍卖等优化分配频谱、轨道等资源；以财政激励、政府和社会资本合作（PPP）来撬动社会投入，为更多主体参与竞争提供可能；加大普遍服务投入，降低网络使用成本，让数字红利惠及每个国民；全面加强域名管理，维护各类主体的域名权益。对于金融支付设施，核心是完善监管制度，设置独立账户，强化支付安全认证与支付行为监管，确保账户安全和支付安全等。对于物流基础设施，除提高物流可靠性和快捷性外，通关效率、免

税起征点也是政策关注点。

（二）完善数字创新环境，要求加快数字人才培养，培育创新文化，强化数字知识产权保护

数字创新环境有其独特性。首先是提升国民数字素养，让数字技术成为教育“必修课”，积极开展数字技能教育，建立适应数字经济的终身学习和就业培训体系，增强适应技术变革的能力。其次是倡导创新文化，崇尚创新、鼓励试错，尊重新生事物，增强创新失败的宽容度和承受力。再次是完善科技金融体系，丰富风险投资、私募投资、上市融资、并购重组等融资渠道，为处于不同阶段的中小企业提供全方位金融服务。最后是保护创意产出，重点是统筹文化、版权、商标、专利等部门，加强数字领域知识产权保护。

（三）营造公平竞争和权益保护环境，要求构建竞争性市场，落实平台责任，保护合法权益

平台企业不仅是服务提供者，还是交易撮合者，兼具从业主体和市场开办者双重角色，其核心地位日益凸显。从政策指向看，一方面是推进竞争中立，在准入、税收、补贴等政策上一视同仁；促进平台之间、平台与入驻商家之间，以及线上企业与线下企业的公平竞争；开展经营者集中审查和滥用支配地位调查，规范市场秩序。另一方面是保护用户合法权益，关键是建立多方协同机制、落实平台责任、健全售后服务机制、保障交易安全、打击非法交易等。

（四）构筑隐私保护和数据安全环境，要求夯实网络安全根基，强化个人信息保护，平衡好发展与安全的关系

网络安全漏洞及数据泄露等潜在风险对数字经济发展构成了巨大挑战。打造在线安全环境，一方面要做好数据中心、服务器等底层物理设施安全，落实关键信息基础设施防护责任，防范火灾、宕机等风险，加强设备安全审查，增强防攻击能力。另一方面要强化个人信息保护。掌握好个人数据保护和合法利用的平衡点，完善个人数据

保护立法，制定数据流通交易规范，特别是跨境数据流动，要统筹考虑发展数字贸易和维护国家安全，给出解决方案。

（五）改善政府监管和服务环境，要求推行包容监管，加快建设数字政府，优化线上政务服务

数字经济领域的诸多创新突破了既有发展路径，监管制度必须加快跟上。在数字化转型过渡期，应树立包容监管理念，建立协同监管机制，支持数字平台企业参与政策制定。通过开展政策试点，例如，实施“监管沙盒”来评估利弊，及时取消或放松过时的监管制度，做到宽严相济。推动数字政府建设，积极运用移动互联网、云计算、大数据等新兴技术，建设集约高效、一体化的政务信息系统，进一步规范网上办事标准、优化办事流程、整合数据资源，加快实现“一网通办”。

专题二
跨境数据流动规则研究

数字技术和通信技术的发展不仅促进了国际贸易方式的转型，而且孕育出许多新型国际贸易业态，而跨境数据流动是打造新型跨境贸易业态的基本条件。本专题从国际贸易利益的视角分析各经济体对跨境数据流动的需求、这些需求的实现在区域贸易协定中的具体体现以及未来跨境数据流动规则的推进趋势，同时分析中国跨境数据流动的开放探索及政策启示。

一、跨境数据流动的需求及国际贸易利益

数字技术催生了各种类型的数字服务平台，这些平台促进了新型国际贸易业态的发展，并逐渐成为国际贸易的重要组成部分。由于各经济体在数字技术的商业应用程度、国际贸易新业态的发展程度以及政府数据质量能力之间存在着巨大差别，各类经济体因贸易利益的差异而对跨境数据流动存在着不同的需求。

（一）货物贸易业态变化对跨境数据流动的需求

以数字促进贸易的重要特征是，数字平台作为一种组织形态而出现，作为特定类型数字基础设施的中介和提供者，平台所有者被定位为记录和提取与平台不同用户之间发生事件相关的所有数据①，为用户提供数据收集、储存和处理服务。数字平台在货物贸易领域最先以跨境电子商务平台方式出现，目前社交平台等也开始进入在线货物订购模式。

① UNCTAD, “Digital Economy Report 2019, Value Creation and Capture: Implications for Developing Countries”, https://unctad.org/en/PublicationsLibrary/der2019_en.pdf.

跨境电子商务是指分属不同关境的交易主体通过电子商务平台达成交易、进行支付结算，并通过跨境物流送达商品、完成交易的一种国际商业活动，其主要包括企业对企业（B2B）、企业对个人（B2C）和个人对个人（C2C）三种业态。其基本特征为：一是具有能够为消费者提供商品信息的网络；二是需要有商品搜索引擎服务提供给买卖双方；三是具有能够可靠地访问客户和市场的企业；四是具有用于验证和执行交易的金融支付服务；五是具有能够将货物从供应商转移给客户的快递和物流服务提供商[①]。与传统货物贸易方式最大的区别是，跨境电子商务平台除了需要货物跨境流动外，还需要贸易主体交易时的数据跨境流动（见图 2-3）。

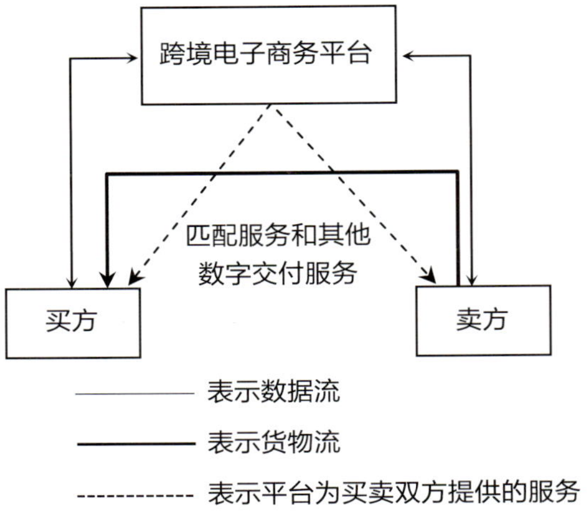

图 2-3　跨境电子商务与货物流、数据流之间的关系[②]

跨境电子商务是发展最快的一种国际贸易业态。联合国贸易和发展会议估计，2018 年全球电子商务销售额（B2B 和 B2C）达到近 26 万亿美元，占国内生产总值（GDP）的 30%，其中，全球 B2B 电子商务销售额为 21 万亿美元，占所有电子商务销售额的 83%，B2C 电子商务销售额为 4.4 万亿美元[③]。预计到 2023 年，全球电子商务零售占

① USITC (2017), Global Digital Trade 1: Market Opportunities and Key Foreign Trade Restrictions, 148. https://www.usitc.gov/publications/332/pub4716_0.pdf.

② 沈玉良等：《全球数字贸易促进指数报告 2020》，复旦大学出版社 2021 年版，第 28 页。

③ UNCTAD (2019), UNCTAD Estimates of Global E-commerce 2018. https://unctad.org/en/PublicationsLibrary/tn_unctad_ict4d15_en.pdf.

全球零售的比重将从 2017 年的 10.2%上升到 20.6%，跨境电子商务占全球电商的比重将达到 20%①。新冠肺炎疫情进一步加速了跨境电子商务的发展，标志着消费者行为正加速向“在线优先”模式转变，实体零售业可能永远不会回到新冠肺炎疫情发生之前的水平②。

从跨境电子商务平台的产业组织形态看，形成了以亚马逊、阿里巴巴等巨型全球性公司为引领，众多区域跨境电商企业以及大量地区性跨境电商企业组成的跨境电子商务全球性网络体系。从数字平台看，搜索引擎、社交网络正加速参与跨境电子商务企业之间的竞争。据美国研究服务机构“商业内幕情报”（Business Insider Intelligence）估计，2019 年美国社交商务市场价值达到 220 亿美元，2024 年将飙升至 842 亿美元，复合年增长率（CAGR）为 30.8%。其中大部分收入来自“世界 500 强”零售商，预计 2024 年将达到 610 亿美元，其中，搜索引擎、社交网络市场份额分别达到 54%和 72%③。

从货物贸易的比较优势看，国际贸易的比较优势要么基于劳动力成本比较优势，要么基于规模经济带来的成本优势，要么基于企业异质形成的竞争优势。对于数字技术先进型经济体而言，其贸易利益体现为货物提供的数字服务利益（佣金服务、数字广告及平台延伸服务）；对于数字技术落后型经济体而言，在新型贸易业态不断增长及同类经济体之间激烈竞争的情况下，只要充分发挥传统贸易优势，也能保持原有的贸易利益，推动贸易出口。因此，考虑到不同经济体之间存在不同的贸易比较优势因素，跨境数据流动的障碍相对而言比较小。

---

① 亚马逊、财新智库（2020）：《从新业态到新常态——2020 中国出口跨境电商趋势报告》。https://m.media-amazon.com/images/G/28/AS/AGS/pdf/home/China-export-cross-border-e-commerce-trend-report._CB1198675319_.pdf?ld=AZCNAGSTopnav_ASCNAGSHPTB。

② Amir Schlachet. COVID-19: The Impact on Cross-Border Ecommerce. https://www.global-e.com/en/resource/covid-19-cross-border-ecommerce.

③ Daniel Keyes（2020）, THE SOCIAL COMMERCE REPORT, Inside the fast-developing opportunity to reach billions of consumers' wallets using social platforms. https://www.businessinsider.in/the-social-commerce-report-inside-the-fast-developing-opportunity-to-reach-billions-of-consumers-wallets-using-social-platforms/articleshow/70805806.cms.

同时，跨境电子商务平台的出现要求各经济体之间采取更为有效的监管措施。国际贸易单一窗口成为政府货物贸易监管的数据平台，联合国贸易便利化与电子业务中心(UN/CEFACT)提出国际贸易单一窗口下双边或区域级别之间实现跨境的互操作性，以及单一提交门户（SSP）下允许交易者以标准格式与包括政府机构在内的有关各方交换与特定活动相关的信息，即在国际贸易单一窗口下的数据连接和平台的互操作性，这不仅是跨境数据流动的重要组成部分，而且是降低贸易制度成本的重要方式。

（二）服务贸易业态变化对跨境数据流动的需求

数字技术带来了服务贸易形态的变化。一是原来部分货物贸易被服务贸易跨境交付方式替代，如部分书籍、期刊等；二是服务贸易形态变化，部分原来采用商业存在模式的服务贸易被跨境交付模式替代，如广告服务、教育服务、健康服务等部分服务环节；三是原来不可贸易的服务已经可以通过跨境交付方式实现，如教育服务、医疗服务等。

服务贸易数字化经历了两次大的变革。第一次是信息技术的发展促进了信息技术离岸业务的发展，包括跨境信息技术离岸自制和跨境信息技术离岸外包服务，这次变革主要发生在信息服务业。第二次是互联网技术对服务贸易数字化的推进，这种商业模式颠覆了服务贸易提供方式，从原来以面对面的服务方式转化为通过文字、图像和视频等跨境数据传输方式提供跨境服务。

数字技术对服务贸易的重大突破首先表现为全球数字平台对境外用户的直接服务，其表现为三种数字服务形态：一是以信息服务为主的综合性全球数字平台，包括搜索引擎和社交网络，可以为用户提供多样性服务，其中许多产品都是免费服务；二是专业性的数字服务平台，如在线劳动力市场服务和分时租赁服务等；三是以智能终端产品的操作系统为基础，为客户提供软件，提供开发和应用平台，目前全球形成了苹果应用商店和谷歌 play 两大开发和应用平台。

从服务贸易形态变化角度看，由于美国全球服务数字平台不仅具有技术绝对领先的优势，而且具有率先进入国际市场的先发优势，数字平台的“网络效应”①、“交叉网络效应”②和“锁定效应”③，决定了美国数字服务平台在全球的绝对垄断地位和贸易利益。预计谷歌（Google）占全球数字广告的 29%、脸谱（Facebook）占 24%，两家数据公司占全球数字广告的 53%。以操作系统为基础的开发和应用平台市场目前完全被美国的谷歌和苹果两家公司控制。尽管中国的百度搜索引擎平台和腾讯社交平台活跃用户在全球排名前五位，但是这些活跃用户以中国境内用户为主，部分为分布在全球的华人用户。当然，中国在部分应用领域的数字平台也具有一定的国际竞争能力，其中，以短视频业务为主的字节跳动公司最为典型，有些中国的专业数字平台（如教育、招聘、旅游和租赁等平台）也开始进入国际市场。

然而，全球数字平台在许多服务部门提供免费服务的特征决定了非数字技术优势经济体也能获得服务贸易利益。对于这种服务贸易利益，目前还没有一种科学的测量方法，以权衡数据跨境流动与不同经济体之间获得的贸易利益。

同时，服务部门涉及领域广泛，存在着商业和非商业之间的各种壁垒，从商业角度看，大部分服务部门无论对服务提供商还是对服务提供者，都有资质要求，这主要基于每个经济体的法律和法规，服务提供商及服务提供者可以通过数字服务提供跨境服务，但就目前而言，资质认可是跨境商业服务的基本条件。从非商业角度看，政治、文化等因素也是主要经济体考虑是否开放的一个重要因素，即使是作为发达经济体的欧盟，也强调视听服务例外。

（三）数据服务对跨境数据流动的需求

数字企业是收集、储存、处理和传输的服务主体，因而也是跨境数据流动的执行主体。在数据价值链体系中，大型数据中心通过提供集中化储存和归档、服务交付和

---

① Van Alstyne MW, Parker GG and Choudary SP (2016), “Pipelines, platforms, and the new rules of strategy”. Harvard Business Review, 94(4): 54–62.

② Rochet J-C and Tirole J (2003), “Platform competition in two-sided markets”, Journal of the European Economic Association, 1(4): 990–1029.

③ Gawer A (2014). “Bridging differing perspectives on technological platforms: Toward an integrative framework”, Research Policy, 43(7): 1239–1249.

监管合规等服务，发挥着数据价值链的运行功能（IDC，2018）。数据流动的基本特点是，从端点形成各种数据源，这些数据大多数通过数字服务企业的服务器（IDC 称为边缘），再进入大型数据中心进行存储。根据客户对数据的不同要求，通过云计算服务处理以后，再从大型数据中心回到各类服务器流到端点，为端点提供服务。

数据服务企业根据客户需求提供不同的数据服务，可以分为软件即服务（Software as a Service，SaaS）、平台即服务（Platform as a Service，PaaS）和基础设施即服务（Infrastructure as a Service，IaaS）三种类型。随着客户对数据服务需求的多样化，数据服务类型也在增加，包括业务流程即服务（BPaaS）、数据即服务（DaaS）、统一通信即服务（UCaaS）和安全即服务（SECaaS）四种类型①。在云服务类型中，软件即服务（SaaS）所占比重最高，为 42.05%；其次是基础设施即服务（IaaS）。云计算服务所需要匹配的云基础设施和组织资源，主要取决于数据服务需求量和不同经济体的数据壁垒措施。全球数据服务企业具有高度的垄断性，全球的竞争主要在中美两国的数字企业间进行，但美国数字企业在全球竞争中占明显的技术和国际市场优势。

很显然，美国是目前数据跨境服务最大的受益者，但因为云计算和数据中心为个人和企业提供了软件和硬件设施，降低了从数据采集、储存到数据处理的成本，而使企业更加专注于自己的核心业务，提高与同类业务的竞争能力，所以能增加货物贸易和服务贸易的潜在利益，也能提升数字经济的转型能力。至于数字服务提供商存在的垄断势力，可以通过国内法限制其垄断利益。

综上所述，跨境数据流动已经成为影响国际贸易的重要因素，它被描述为“21 世纪全球化的标志”和“维系全球经济的纽带”②。

---

① United States International Trade Commission (2017), Global Digital Trade 1: Market Opportunities and Key Foreign Trade Restrictions, 2017:189. https://www.usitc.gov/publications/332/pub4716.pdf.

② W. Gregory Voss (2020), “Cross-Border Data Flows, the GDPR, and Data Governance”. Washington International Law Journal, 29(3):487.

二、区域贸易协定中跨境数据流动规则比较

从 2000 年《约旦—美国自由贸易协定》强调“继续信息自由流动的必要性”以来，数据跨境流动规则在许多自由贸易协定（FTA）中频繁出现。

目前 FTA 中的跨境数据流动条款具备三个方面的特征。第一，跨境数据流动条款数量在不断增加，这一特征不仅出现在美式 FTA 的条款中，而且出现在南南贸易协定中。到 2021 年 7 月，全球 FTA 中含有跨境数据流动条款共 202 条；2010 年以前，年平均条款在 8 条左右；2010 年以后，年平均条款达到 15 条左右，差不多增加了一倍（见图 2-4）。

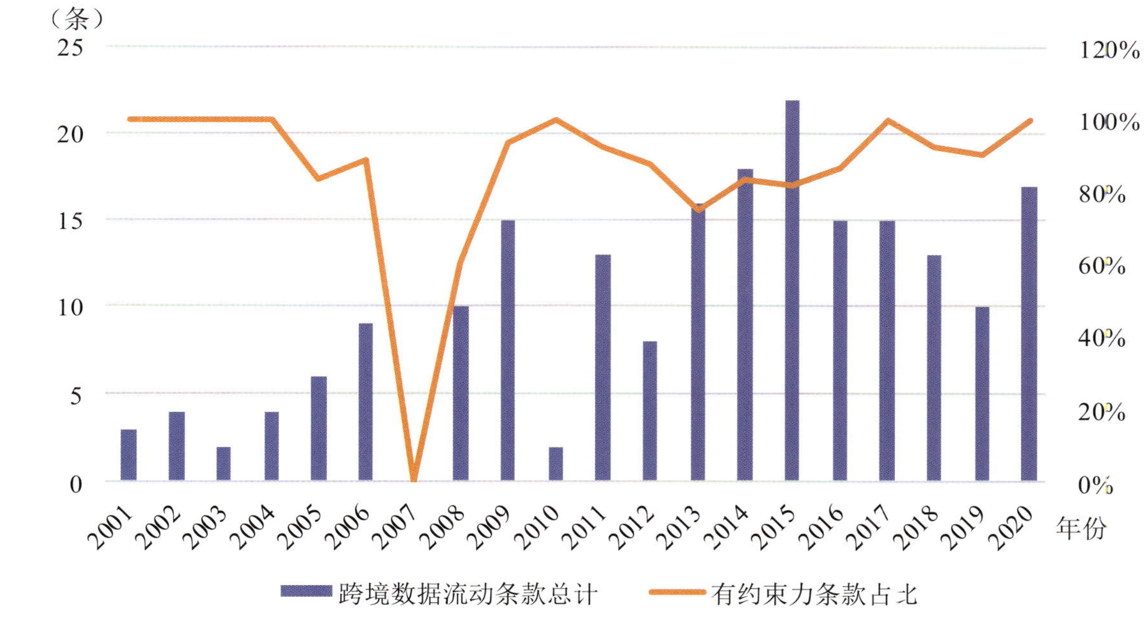

图 2-4　FTA 中跨境数据流动条款数量和有约束力条款占比

资料来源：瑞士卢塞恩大学发布的“区域贸易协定电子商务和数据条款数据库”（Trade Agreements Provisions on Electronic-commerce and Data，TAPED），更新时间为 2021 年 7 月 8 日。

第二，跨境数据流动条款不仅分布在电子商务章节中，而且出现在电信、计算机、知识产权和视听服务章节中。在全球 FTA 中，金融章节是涉及跨境数据流动条款最多

的章节，共 64 条条款，占全球跨境数据流动条款的 31.68%，其次是电信章节，占 28.71%。表 2-2 列明了全球、美国、欧盟和中国的 FTA 中不同章节的跨境数据流动条款的分布情况。

表 2-2　全球、美国、欧盟和中国 FTA 分章节跨境数据流动条款分布（2001—2020 年）　单位：条

所在章节	全球		美国		欧盟		中国	
	数量	比重	数量	比重	数量	比重	数量	比重
电子商务	23	11.39%	9	13.43%	5	8.33%	1	12.50%
电信	58	28.71%	23	34.33%	16	26.67%	1	12.50%
计算机	15	7.43%	0	0.00%	12	20.00%	0	0.00%
视听	39	19.30%	12	17.91%	8	13.33%	2	25.00%
金融	64	31.68%	23	34.33%	17	28.34%	4	50.00%
知识产权	3	1.49%	0	0.00%	2	3.33%	0	0.00%
合计	202	100.00%	67	100.00%	60	100.00%	8	100.00%

资料来源：瑞士卢塞恩大学发布的“区域贸易协定电子商务和数据条款数据库”（Trade Agreements Provisions on Electronic-commerce and Data，TAPED），更新时间为 2021 年 7 月 8 日。

第三，从承诺约束力来看，FTA 中与跨境数据流动相关的条款逐步由不具备法律约束力的“软”约束条款向具有法律强制执行力的“硬”约束条款过渡。特别是计算设施的位置相关条款，自 FTA 中纳入该条款以来，几乎均以具有法律强制约束力的方式进行规定，要求“不得将在缔约方领土内使用或放置计算设备作为进入其领土内开展业务的条件”，同时，该条款适用协定争端解决机制。

从跨境数据流动规则的主导者来看，美国是跨境数据流动条款的主要推动者，日本、澳大利亚、新加坡、加拿大、智利等是美式跨境数据流动条款的追随者。现阶段独立设置“跨境数据流动”和禁止“数据本地化”条款的 FTA，几乎均由上述国家主导达成，并且上述国家的主导地位已在多边和诸边框架内的电子商务提案中有所体现。2018 年签署的《美墨加协定》（USMCA）将数字产品的非歧视待遇、通过电子方式跨境传输信息、计算设施的位置、开放政府数据等与跨境数据流动相关的议题均纳入其中。未来，美式跨境数据流动规则向数据连接和互操作性方向发展，贸易深度和广度将更加依赖于数据连接和互操作性。从技术层面看，数据连接是通过直接的网络和系

统对接，实现数据的互联互通和共享交换。互操作性是在数据互联互通的基础之上，对相互间的业务数据进行直接的读写操作，需要有高度的业务交互性和业务耦合性，而这些内容会被分散在货物、服务和投资等章节。

欧盟跨境数据流动规则的议题覆盖度有一定发展，但是承诺约束力仍然比较谨慎。在 2018 年签订《欧盟—日本经济伙伴关系协定》之前，欧盟未在 FTA 或 RTA 中纳入跨境数据流动和数据本地化条款。欧盟—日本 FTA 是目前欧盟签订的包含电子商务条款最多的 FTA，首次将源代码、数据的自由流动条款纳入。在欧盟—日本 FTA 中，缔约方未制定跨境数据流动的具体规则，但是双方承诺“在协议生效起三年内，重新评估是否需要将与数据的自由流动相关的规定纳入本协议”。此外，2019 年 1 月 23 日欧盟通过一项对日本的“充分性决定”（adequacy decision）：当且仅当日本对从欧盟转移的数据实施额外的保障措施，以确保从欧盟转移的数据享有符合欧洲标准的保护保障时，欧盟才会允许个人数据在欧盟和日本之间自由流动。具体保护措施包括：第一，弥合两国数据保护系统的差异，主要包括加强对敏感数据的保护、个人权利的行使、欧盟数据从日本转移到第三国的条件等；第二，日本公共机构出于执法和国家安全的目的对个人数据的使用，将“限于必要和适当的范围”，受到独立监督，并采取有效的补救机制进行约束；第三，建立投诉处理机制，用以调查和解决欧盟对日本公共当局访问其数据的投诉，该机制将由日本独立数据保护机制管理和监督。该“充分性决定”是《欧盟—日本经济伙伴关系协定》的重要补充，号称由此形成了“全球最大的安全数据流动区域”。从承诺约束力来看，该“充分性决定”并未包含在《欧盟—日本经济伙伴关系协定》文本内，因此并不适用协定争端解决机制。

2021 年 5 月 1 日，欧盟与英国签署的 FTA 采用数字贸易分编的形式引入了跨境数据流动条款，其基本特点包括以下几方面。一是该分编内容不适用于视听服务。二是提出了不得采用四种方式限制跨境数据流动，并要求对执行情况在三年内进行评估，这些条款主要体现在第 2 章“数据流与个人数据保护”中。三是具体规定了不适用的业务，在第 3 章第 9 条中明确规定该章不适用于电信服务、广播服务、赌博服务、法律代理服务、公证服务或类似专业的服务（与公共权力的行使存在一定程度的直接和具体联系）。四是政府数据开放中的数据质量要求，体现在第 15 条第 2 款，若一方选择向公众开放政府数据，则其应在切实可行范围内尽量确保该数据：采用易于搜索、检索、使用、重复使用、重新分发的格式；采用机器可读且空间支持的格式；包含尽可能标准化的描述性元数据；可通过安全可靠、用户友好型且免费提供的应用程序编程接口予以提供；定时更新；不受歧视性或不必要的约束限制其重复使用的条款；在完全符合缔约方个人数据保护规则的情况下可（重复）使用。

欧盟与英国跨境数据流动条款一方面体现了欧盟的一贯立场，即不使用数字产品概念，并将视听服务排除在外，另一方面反映了欧盟在跨境数据流动方面的推进取向，即认识到跨境数据流动对双边贸易的作用，同时，因英国原来是欧盟成员国，故而欧盟容易与之达成高水平跨境数据流动规则。

因此，从数据跨境流动规则的发展趋势看，需要关注以下几个方面的问题。

首先，FTA 中含有跨境数据流动条款的数量将进一步增加，并且分散在电信、金融和知识产权等多个章节，形成一般规则和具体规则。电子商务章节体现为跨境数据流动的一般规则，其他章节体现为反映具体到某一领域的规则。

其次，由于新型贸易业态的加速发展，无论是货物贸易还是服务贸易，对具体章节需要的跨境数据流动规则的需求都在不断增加。在货物领域，表现为海关管理和贸易便利化、动植物卫生检疫措施和技术贸易壁垒措施等具体章节。一是国际贸易单一窗口下政府间数据连接，实现对货物方面的电子化监管。二是电子互认。标准与贸易发展基金（STDF）的全球合作伙伴召集了贸易、卫生和农业专家研究应对卫生与植物卫生措施（SPS）挑战，并推动制定联合解决方案以促进安全贸易。STDF 工作正在推广使用 SPS 电子认证，以促进安全贸易并降低交易成本。STDF 的植物检疫电子证书（ePhyto）项目正在建立基于统一交换工具或“枢纽”的植物检疫证书电子交换系统[①]。三是区块链和云计算在货物贸易中的应用，涉及跨境数据流动以及数据处理规则。服务、知识产权和金融也具有类似的发展趋势，总体是数据连接和互操作性方面的跨境数据流动规则。

① 世界贸易组织：《世界贸易报告》，上海人民出版社 2018 年版，第 64 页。

最后，不同经济体数字技术和数字服务能力的差异导致国际贸易利益重新分配，这样，跨境数据流动中的一般规则和具体规则就存在着差异。

三、中国跨境数据流动的开放探索

（一）GATS、区域或双边贸易协定中的相关规定

世界贸易组织的服务贸易总协定（GATS）于 1995 年签署。当时数字服务尚未充分发展，但在 GATS 电信服务附件中存在着允许跨境信息传输和跨境数据传输的相关规定。GATS 电信服务附件规定“每一成员应保证任何其他成员的服务提供者可使用公共电信传输网络和服务在其境内或跨境传送信息，包括此类服务提供者的公司内部通信，以及使用在任何成员领土内的数据库所包含的或以机器可读形式存储的信息”，但 GATS 也明确了一般例外和安全例外条款。同时，涉及跨境数据传输的部门主要涉及商业服务中的计算机和相关服务，其主要是数据处理服务和数据库服务两个小类，以及通信服务中的电信服务，但跨境数据传输归属于哪个部门，主要看服务部门的具体承诺。

中国 2001 年加入世界贸易组织时，服务贸易具体承诺减让表所采用的服务部门分类，是《联合国中心产品分类表》（*Central Products Classification*，CPC）中的分类。CPC 最初的版本是 CPCprov，1991 年公布，随后有 CPC Ver.1、CPC Ver.1.1、CPC Ver.2 和 CPC Ver.2.2 等版本。无论是中国“入世”承诺中使用的 CPC 版本，还是中国区域贸易协定使用的 CPC 版本，都是 1991 年公布的 CPCprov 版本。对于专业服务中的计算机和相关服务中的数据处理服务，在跨境交付领域中国在市场准入和国民待遇方面的承诺没有限制。对于电信服务中在线信息和数据检索服务（CPC7523）以及在线信息和/或数据处理（包括交易处理）（CPC843），中国在市场准入方面的承诺与商业存在的服务方式是一样的，即允许外国服务提供者设立合资企业，外资不得超过 49%。

中国签署的 FTA 中含有跨境数据传输内容的条款不是很多，一共只有 8 条，且集中在金融章节。2017 年中国内地和香港地区签署的《内地与香港关于建立更紧密经贸

关系的安排》（内地与香港 CEPA）规定了经济技术合作协议、数字基础设施合作、跨境数据流动和跨境电子商务合作（共同打击假货等）、数字金融合作 4 个核心条款合作；在《内地与澳门关于建立更紧密经贸关系的安排》（内地与澳门 CEPA）第 17 条中也有相关合作领域。

中国在跨境数据流动规则方面具有突破性的FTA是《区域全面经济伙伴关系协定》（RCEP）。一是首次在中国参与的贸易协定中纳入“通过电子手段跨境转移信息”条款。RCEP 要求缔约方“不得阻止涵盖的人为进行商业行为而通过电子方式跨境传输信息”，同时认可“每一缔约方对于通过电子方式传输信息可能有各自的监管要求”，不得阻止缔约方为实现合法的公共政策目标而采取或维持的必要措施。二是首次在中国参与的贸易协定中纳入“计算设施的位置”条款。RCEP 要求缔约方“不得将要求涵盖的人使用该缔约方领土内的计算设施或者将设施置于该缔约方领土之内，作为在该缔约方领土内进行商业行为的条件”，同时认可“各缔约方对于计算设施的使用可能有各自的监管要求，包括寻求保证通信安全和保密的要求”，不得阻止缔约方为实现合法的公共政策目标而采取或维持的必要措施。三是鼓励缔约方就数字产品待遇、源代码、金融服务中的跨境数据流动和计算设施的位置等当前逐步显现的问题展开对话，进行有益探索。但 RCEP 对跨境数据流动的要求以安全例外为前提，且不适用争端解决机制。

（二）自主开放实践

基于跨境数据流动在国际贸易中的重要性，中国政府在自贸试验区（港）率先进行了相关试点。中国（上海）自由贸易试验区临港新片区总体方案中明确要求国际互联网数据跨境安全有序流动，试点开展数据跨境流动的安全评估，建立数据保护能力认证、数据流通备份审查、跨境数据流通和交易风险评估等数据安全管理机制。海南自由贸易港总体建设方案明确，在确保数据流动安全可控的前提下，扩大数据领域开放，创新安全制度设计，实现数据充分汇聚，培育发展数字经济；允许实体注册、服务设施在海南自由贸易港内的企业，面向自由贸易港全域及国际开展在线数据处理与交易处理等业务，并在安全可控的前提下逐步面向全国开展业务。与数据跨境流动有关的另外一个问题是对外资数据中心和云计算的开放，也分别在上海自贸试验区和海南自由贸易港进行试点（相关试点政策比较见表 2-3）。

表 2-3　自贸试验区（港）与数据跨境流动有关的电信服务业开放比较

业务种类	WTO（境外投资者）		自贸试验区		海南自由贸易港	
	是否开放	股权比例	是否开放	股权比例	是否开放	股权比例
B11.互联网数据中心业务 IDC	×	—	×	—	√	≤100%
B12.内容分发网络业务 CDN	×	—	×	—	√	≤100%
B13.国内互联网虚拟专用网业务 IP-VPN	×	—	√	≤50%	√	≤50%
B14.互联网接入服务业务 ISP	×	—	√	为上网用户提供 ISP≤100%，其余≤50%限定自贸区内	√	为上网用户提供 ISP≤100%，其余≤50%限定自贸区内
B21.在线数据处理与交易处理业务	√	经营类电子商务≤100%其余≤50%	√	经营类电子商务≤100%其余≤50%	√	≤100%

资料来源：作者整理。

《海南自由贸易港外商投资准入特别管理措施（负面清单）（2020 年版）》已经明确取消在线数据处理与交易处理业务的外资准入限制，允许实体注册、服务设施在海南自由贸易港的企业面向自由贸易港全域和境外开展互联网数据中心、内容分发网络业务。

四、跨境数据流动规则对我国的政策启示

跨境数据流动规则已经成为未来区域贸易协定的重要组成部分，关系到国际贸易新比较优势下国际贸易利益分配格局，因而需要加快数据跨境流动国内规则体系的完善，通过自贸试验区（港）先行先试推进高水平跨境数据流动规则的制订。

（一）构建数据跨境流动的国内规则体系

中国要学习发达经济体跨境数据国内治理法规体系经验，以国家政治、文化及国际贸易比较优势为基础，构建数据跨境流动的国内规则体系。以欧盟为例，2018 年 5 月生效的《通用数据保护条例》（GDPR）是欧盟数字治理规则的一项总体规则，《欧盟境内非个人数据自由流动框架条例》《数据治理法》均强调要遵循 GDPR 个人数据保护的要求。同时，《欧盟境内非个人数据自由流动框架条例》明确促进非个人数据在欧盟境内自由流动的措施，禁止成员国在非特定情况下设置数据本地化限制。2020 年 11 月，欧盟委员会发布的法律草案《数据治理法》进一步明确了促进欧盟境内数据共享流通的系列举措，通过设立提供相关服务的中介机构，为个人和企业自愿提供数据创造保障条件等措施，鼓励个人数据、商业秘密等敏感性数据实现区域内共享，从而消除因欧盟各成员国法律监管不一致给数字产业发展带来的障碍，为激励欧洲数字创新和公平竞争创造良好环境。

（二）建立健全跨境数据流动的基本法规体系

欧盟通过《数字服务法》《数字市场法》构建既约束数字市场又激励中小及初创企业竞争力的规制保障。《数字服务法》将“在线中介服务”提供商分为四类，即网络基础结构的中介服务提供者、托管服务提供者、为买卖双方建立沟通渠道的平台、具有特殊风险的“超大平台”，并明确规定数字服务提供商的责任和义务与规模大小、用户数量、服务类型挂钩，尤其对于拥有欧盟境内 4500 万以上用户的“超大平台”，实施专门的监管规则，包括禁止利用平台用户数据进行不公平竞争，允许用户在平台之外推广产品和签订合约，对平台推荐算法进行透明度审核等。欧盟数字治理规则制定者拟禁止《数字服务法》规定的这类“超大平台”以及《数字市场法》规定的具有数字市场主导地位的“守门人”平台从事限制用户权利和中小企业发展的行为，遏制不公平市场竞争，对于违反者更是制定了极其严厉的处罚措施，包括最高达全球营业额 10% 的罚款等。《数字服务法》和《数字市场法》这两个法律草案被欧盟称为数字治理的新规则，体现了新的监管趋向。

一是强化监管规则。这两个法律草案旨在升级、强化各类数字企业的责任与义务，《数字服务法》重点对社交媒体、电商平台、应用商店、分享经济平台等在线平台新设了更严苛的义务，《数字市场法》则定位为欧盟反垄断法的有效补充，对于搜索引擎、社交网络、即时通信、视频分享、云计算、操作系统、应用商店、广告服务八大类核心平台服务领域的规模型在线平台（特别是“守门人”平台）设置了广泛的义务，即不但要承担竞争法一般规则下的义务，还要根据其所属类别承担程度不等的特定义务，以此降低不公平行为对数字市场的不利影响。二是延长监管链条。从这两个法律草案的内容可以看出，欧盟数字治理规则制定者已倾向于认为传统的事后监管框架已不能适应数字产业的快速发展，甚至纵容了不正当竞争及市场垄断行为。这两个法律草案针对各类数字服务提供商设置程度不同的义务，采取事前预防与事后监管并重的监管模式，在数字服务提供商无序扩张形成垄断地位或产生不正当竞争之前，就从法律上予以调整，同时强化现有欧盟竞争规则进行事后干预的能力，双管齐下维护数字市场公平竞争。三是明确监管对象。《数字市场法》特别规定“守门人”平台（符合市场规模、用户数量、维持时间三方面标准的平台或虽不尽符合但经欧盟委员会认定的平台）有义务采取若干“应为”的举措，如使第三方软件能够正常运行并与“守门人”平台自身的服务进行互操作、向在其平台上做广告的商业用户提供“守门人”平台的表现测评工具及必要信息、允许其用户在平台之外推广产品和签订合约等；并且避免做出若干“不应为”的举措，如阻止其用户卸载任何预装的软件或应用程序、利用其用户的数据与其用户展开竞争、限制用户使用他们可能在“守门人”平台以外已获得的服务等。《数字服务法》虽然分别规定了四类“在线中介服务”提供商的义务，但相比之下，其中第三类、第四类提供商的义务显然繁重许多，这也说明后两类企业才是该法律草案的主要监管对象。

中国要建立健全跨境数据流动的基本法规体系，在现有的《网络安全法》和《数据安全法》及目前正在审议的《个人信息保护法》的基础上，建议增加制定《空间信息基本法》，并根据数据前沿技术发展的需求，不断补充和完善跨境数据流动的法律法规体系。要尽快出台法律基础上的实施细则，为数据安全和风险识别提供可操作性保障。加快制定重点行业的跨境数据进出境规则，在跨境数据流动国内法律的基础上，根据行业的特征，在金融、健康、电信等重点部门制定专门的数据进出境细则，明确出境的类型和监管方式。

（三）在自由贸易协定（FTA）中进一步推进高水平跨境数据流动规则

中国要在 FTA 中进一步推进高水平跨境数据流动规则。一是反映跨境数据流动规则中趋势性的条款，在《区域全面经济伙伴关系协定》（RCEP）基础上可以进一步深化有关条款。二是关注欧美跨境数据流动中的前沿性条款，特别是涉及政府数据开放以后的数据连接和互操作性条款，适时引入。三是学习欧盟和英国 FTA 中具体条款的做法，形成反映中国贸易利益的具体跨境数据流动条款。首先，在数据条款分布上，将涉及货物贸易的跨境数据流动作为重点，包括在国际贸易单一窗口连接以及平台之间互操作性等领域形成高水平跨境数据流动条款，以促进商贸便利化。其次，金融和电信章节中的跨境数据流动条款要反映中国国际金融运行的主要特征和基于海底光缆和 5G 通信的数据跨境流动基本要求。最后，在服务贸易和投资章节中，借鉴欧盟与英国 FTA 的做法，明确规定不适用的具体服务部门领域。

专题三
数字税的国际实践及其对我国的影响

数字经济正在深刻改变世界。放眼全球，各大主要经济体、部分国际组织正在行动起来，积极应对数字经济对税收的挑战。综合而言，各大经济体在数字经济发展之初，都会给予大量的税收优惠政策。但近年来，随着数字经济快速发展壮大，各国政府的政策立场回归，陆续将各类数字产品、服务纳入本国销售税体系。但围绕跨境数字服务，目前尚未形成国际统一规则，一些国家开征了具有单边性质的数字税。

一、主要经济体将数字产品与服务纳入本国销售税体系

以数字经济头号强国美国为例，在互联网发展初期，美国通过专门的《互联网税收豁免法案》等给予数字经济长期的免税待遇。但近年来，各州首先通过“亚马逊法案”加强对数字经济的税收管理。2018 年，美国最高法院裁定，各州政府可以对互联网数字销售征收销售税或使用税。具体而言，各州主要采取四种办法来加强对远程销售的销售税的征收：一是扩展经济联结的定义，二是各州合作征税，三是规定报告要求，四是设法征收使用税。部分州甚至规定，如果未缴纳销售税的情况下，商品购买者应该缴纳使用税。

欧洲各国 2016 年以来纷纷发起了“税务合规化”行动，以应对电子商务每年高达 50 亿欧元的增值税逃税情况。2017 年，欧盟通过了统一的《电子商务的增值税改革方案》，主要内容是：推出一站式（One-Stop-Shop 或 OSS）注册申报服务，废除远程销售起征额，终止低于 22 欧元的进口增值税豁免政策，由电商平台或者海关申报人负责收取和缴纳增值税。该项改革原定于 2021 年 1 月 1 日实施，因疫情原因延至 2021 年下半年。

日本早就将电子图书、音乐、广告发布等通过互联网等提供的服务定义为“提供电信利用服务”，并纳入了消费税征收范围。2015 年，日本消费税的征收范围扩大到进口的电子图书、音乐、广告等，实行由购买服务的国内经营者代为申报纳税的反向征收机制。2016 年，日本对《消费税法》进行了修订，将互联网提供服务的税收管辖权由以前的劳务提供者所在地改为劳务接受者所在地。

东南亚是我国互联网企业“走出去”的主要目的地。目前东南亚各国已全部将数字服务纳入了本国增值税或销售税的征收范围。

全球主要经济体将数字产品与服务纳入本国销售税体系的情况见表 2-4。

表 2-4 主要经济体将数字产品与服务纳入本国销售税体系的情况

国家	课税对象	税种
美国	远程销售	销售税、使用税
加拿大	电子商务交易	商品及服务税、合并销售税
英国	广播、电信或电子服务	增值税
法国	电子商务	增值税、电商配送税
日本	电子图书、音乐、广告发布等通过电信线路提供的劳务	消费税

资料来源：作者整理。

二、一些国际组织正在积极探讨数字经济国际税收新规则

近年来，围绕数字经济对国际税收分配与管理的影响，一些国际组织相继发起了经济数字化的国际税收改革研究。

（一）经济合作与发展组织（OECD）的“双支柱”蓝图

为了应对数字经济带来的税收挑战，G20 和 OECD 近年来一直在寻求就应对数字经济征税问题达成“全球共识性解决方案”。经过长达数年的研究，OECD 于 2019 年提出了“双支柱”改革方案，现已完成数轮公开征询意见，并已于 2021 年 7 月提交给 G20 各国首脑讨论，如无意外将于 2023 年实施。

“支柱一”的主要目的是对跨国企业全球剩余利润在各税收管辖区之间重新划分征

税权。方案吸收了用户参与、营销型无形资产和显著经济存在三个方案的利润分配及联结度规则，包括一项新征税权，旨在将跨国公司集团的部分剩余利润（集团合并层面或业务层面）分配给市场管辖区（A 类金额），赋予市场管辖区内“基本”营销和分销活动固定水平回报（B 类金额），以及旨在通过有效的争议预防和解决机制提高税收确定性的一系列流程。

“支柱二”的主要目的是设定全球最低税率，使大型跨国集团的总部无论设在何处都要承担最低限度的税负，从而压缩跨国集团税收筹划空间，减少甚至消除全球“税收洼地”。与“支柱一”不同的是，“支柱二”的适用范围并不局限于高度数字化的企业，而是适用于所有“面向消费者”的跨国企业，如手机销售企业、化妆品企业等。在 OECD 目前的讨论中，仅有金融、大宗商品等几类指定企业不在适用之列。

OECD 方案是一个宏大的改革计划，不仅涵盖了 137 个国家和地区，而且涉及国际会计准则、税收情报交换、跨境数据贸易等多个领域，是 1920 年国际税收理论与实践的最大变革。该方案已于 2021 年 7 月 10 日获得绝大多数国家通过，将对全球跨国企业、数字贸易、各国税收权益等产生长期而深远的影响。

（二）联合国的双边协调方案

与 OECD 期望达成的全球统一解决方案不同，联合国 2017 年版《联合国关于发达国家与发展中国家间避免双重征税的协定范本》中新增了第 12A 条，允许来源国通过预提税的形式对数字服务进行征税。2020 年 8 月 6 日，联合国进一步发布了上述税收协定范本的第 12B 条讨论稿，允许对自动化数字服务的所得进行源泉课税，税率上限由缔约国双方通过谈判确定。与 OECD 的多边一致同意方案相比，联合国方案更为现实、灵活，各国可以通过双边或多边税收协定谈判出一个相互可以接受的方案，考虑到新冠肺炎疫情后的全球地缘政治状况，这一方案可能更易于落地实施。

（三）部分国家实施单边数字服务税（DST）

由于 OECD 谈判旷日持久，一些国家等不及方案出台，已率先开征数字服务税，以增加谈判筹码，挽救遭受疫情重创的本国财政。这些国家的数字服务税方案虽然在

OECD“双支柱”方案出台后会有调整，但反映了各国将数字服务纳入征税范围的愿望，对今后各国改革税制仍然有很大参照作用。据不完全统计，目前全球已实施 DST 的国家（地区）共有 9 个，提案或有意向实施 DST 的共有 6 个，这不包括表态若 OECD 不能在 2021 年年底达成改革共识则单独实施的国家（如比利时）（见表 2-5）。总体而言，争取成为开征数字服务税“第一梯队”的国家主要是欧洲各国，但也正在向亚洲、非洲蔓延。

表 2-5　主要国家（地区）制定数字服务税的情况

国家（地区）	状况	生效日期	全球收入门槛	国内收入门槛	税率	适用的税基
匈牙利	已实施	2017 年 7 月 1 日	1 亿匈牙利福林	不适用	7.5%，暂降至 0%	在匈牙利广播或刊登广告产生的财政年度净营业额
法国	已实施	2019 年 1 月 1 日	7.5 亿欧元	2500 万欧元	3%	中介服务和基于用户数据的广告服务
奥地利	已实施	2020 年 1 月 1 日	7.5 亿欧元	2500 万欧元	5%	在奥地利提供的数字接口或任何类型的软件或网站上的广告服务收入
意大利	已实施	2020 年 1 月 1 日	7.5 亿欧元	550 万欧元	3%	在数字接口上投放广告，多边数字接口允许用户购买或出售商品和服务，传输通过数字接口生成的用户数据
突尼斯	已实施	2020 年 1 月 1 日	—	—	3%	详细要求由法令确定
土耳其	已实施	2020 年 3 月 1 日	7.5 亿欧元	2000 万里拉	1%~15%	数字广告服务，任何听觉、视觉或数字内容的销售，用于提供和操作用户可以彼此交互的数字平台的服务
英国	已实施	2020 年 4 月 1 日	5 亿英镑	2500 万英镑	2%	社交媒体平台，互联网搜索引擎，在线市场
波兰	已实施	2020 年 7 月 1 日	—	—	1.50%	获得视听媒体服务，视听商业交流

续表

国家（地区）	状况	生效日期	全球收入门槛	国内收入门槛	税率	适用的税基
西班牙	已实施	2021 年 1 月 16 日	7.5 亿欧元	300 万欧元	3%	在线中介服务，在线广告服务，跳过数字接口收集的用户数据的销售
巴西	提议	—	30 亿巴西雷亚尔	1 亿巴西雷亚尔	1%~5%	在数字平台上为巴西用户提供广告，提供销售商品或提供服务的数字平台，来自巴西用户的数据传输
捷克	提议	—	7.5 亿欧元	1 亿克朗	5%	在数字界面上做有针对性的广告，在数字接口上传输有关用户的数据以及用户活动产生的数据，向用户提供一个多面的数字接口以促进用户之间商品和服务的提供
肯尼亚	提议	预计 2021 年	—	—	1.50%	数字市场总收入
挪威	公告	—	—	—	—	待定
以色列	意向	—	—	—	3%或 5%	待定
拉脱维亚	意向	—	—	—	3%	待定
比利时	寻求全球性解决方案	预计 2023 年	7.5 亿欧元	5000 万欧元	3%	针对用户在数字平台上销售广告位，在数字平台销售来自用户活动的用户数据，通过促进数字平台用户间的商品或服务供应的交换，为这些用户提供数字中介服务
加拿大	寻求全球性解决方案	—	10 亿加元	4000 万加元	3%	广告服务和数字中介服务

数据来源：毕马威公司，Taxation of the digitalized economy: Developments summary, October 27, 2020。

按各国目前公布的 DST 征收范围的宽窄口径计，大致可分为三类：一是以欧盟版 DST 提案为主，主张对在线广告、在线中介与数据销售的收入课税，目前，新西兰、意大利、西班牙等国都按此范围设计 DST。二是以英国提案为主，主张对搜索引擎（广告）、社交媒体平台（广告）和在线市场（中介）的收入课税，目前，参照英国立场设计 DST 征税范围的国家有以色列、土耳其等国。三是仅针对在线广告收入课税的国家，目前有奥地利、匈牙利等国。

三、国际数字税收改革对我国的主要影响

国际风起云涌的数字税收改革同样将对我国产生重大影响。从已获得各国支持的 OECD 方案看，对我国的直接影响可能不严重，但间接影响却很深远。

（一）符合“支柱一”标准的企业很少

在“支柱一”之下，跨国企业要拿出 20%~30%的利润来重新分配，但我国企业中符合“全球营业收入超过 100 亿欧元、利润率超过 10%”标准的寥寥无几。即使有一些企业符合这个标准，也主要集中在石油、银行、保险等领域，而这些领域都属于协议规定的排除范围。据测算，我国只有数家互联网巨头可能会受到一定的影响。但根据我们的调研，这些企业更加看重的是能不能到更多的国家做生意，以及各国营商环境的稳定性、税收制度的公平性、税收遵从的一致性等更广泛长期的问题；相比之下，多拿出一些钱来交税，对它们来说并不是首要考虑的问题。

（二）“支柱二”将促使我国各级政府加快调整吸引外商投资的相关政策

“支柱二”对我国企业的影响有两个方面：一是我国企业的全球所得，二是外国企业在我国的所得。对于前者，由于我国本身实行的就是全球征税，即企业的境外所得即使没有汇回也要对其征税，因此全球最低税率的实施实际上对我国是有利的。对于后者，情况则比较复杂。大概率而言，我国各级政府要加快调整吸引外商投资的相关政策。长期以来，我国各级政府为了吸引外商投资，出台了各种各样的税收优惠政策、

财政补贴政策及其他各类优惠政策，在“支柱二”下，这些政策都会通过国际会计准则的修改而量化在企业的成本收益中。如果最终计算下来企业的实际税率低于15%，则其母国将对其进行补征，这就相当于我国将巨额税收拱手让人。因此，我国有必要在2023年启动并完成对相关法规、政策文件的重新梳理，废止不合时宜的条款。这将在很大程度上改变我国吸引外资的方式，对我国高质量营商环境的建设提出更高要求。

（三）要加强对数字经济税收制度的研究

我国是数字经济大国，同时也是数字经济税收小国，除跨境电商之外，规模庞大的电商平台、社交平台、在线广告等尚未有专门的税收政策。因此，要适应数字经济快速发展的需要，加快研究数字经济时代税收制度体系。短期突出“适应”，提高现行税制对于数字经济的包容程度；中期突出“改革”，调整区域税收分享制度，促进区域均衡发展；长期突出“重塑”，建立健全数字经济税收制度新框架。

就短期而言，可做以下几件事：一是不急于开征数字服务税。二是进一步完善增值税制，将现行税制未覆盖的数字产品和服务，理论上都要纳入增值税的课征范围，如音乐、电影、游戏、电子图书、在线会议、远程教学、远程医疗等。三是进一步扩大综合所得的范围，加快将各类新的个人收入形式（如网络直播、主播、打赏以及从事各类共享经济、分享经济、零工经济等取得的收入）纳入个人所得税的征收范围。四是进一步健全税务登记制度，将个人经营的网店、微商、网络直播、主播、带货等新业态纳入管理范围。五是明确互联网平台在税收征管中的地位与作用，审慎推进政府和平台之间的数据共享工作。

地区探索

北京市数字贸易发展探索与经验

北京作为全国政治、文化、国际交往和科技创新中心，数字资源优势得天独厚、数字技术企业和机构云集、高层次创新人才资源集聚，为北京大力发展数字经济和数字贸易奠定了雄厚基础并提供了有力保障。北京将立足首都“四个中心”战略定位，充分发挥优势，抢抓机遇，打造数字贸易先行区，积极支撑服务构建以国内大循环为主体、国内国际双循环相互促进的新发展格局。

一、优势释放，数字贸易发展不断取得新成效

随着 5G、人工智能、区块链等数字技术的快速发展和深度应用，北京市数字经济发展基础进一步夯实，占 GDP 比重达 40%，居全国首位，数字贸易保持良好发展势头，推动服务贸易结构不断优化，成为带动贸易高质量发展的重要动力。

（一）数字贸易规模占全国比重超过五分之一

根据联合国贸易和发展会议（UNCTAD）可数字化交付服务贸易[①]口径，北京市数字贸易规模占全国比重超过五分之一，数字贸易出口位居全国前列。2017—2020 年，北京市数字贸易进出口总额从 502.0 亿美元增至 619.9 亿美元，年均增长 7.2%，占服务贸易进出口总额的比重从 35.0%提高到 50.9%，持续引领服务贸易发展。其中，数字贸易出口从 256.6 亿美元增至 350.9 亿美元，年均增长 11.0%，占服务贸易出口总额的比重从 58.7%提高到 69.2%，成为服务贸易出口的主力军（见表 3-1）。

① 根据联合国贸易和发展会议（UNCTAD）口径，可数字化交付服务贸易包括：其他商业服务，电信、计算机和信息服务，保险服务，知识产权使用费，金融服务，个人、文化和娱乐服务。

表 3-1　2017—2020 年北京市数字贸易进出口及占服务贸易比重情况

	可数字化交付服务贸易进出口额（亿美元）	同比增长率（%）	占服务贸易进出口总额比重（%）	可数字化交付服务贸易出口额（亿美元）	同比增长率（%）	占服务贸易出口总额比重（%）
2017 年	502.0	42.3	35.0	256.6	77.3	58.7
2018 年	612.5	22.0	38.1	345.8	34.8	61.4
2019 年	608.2	–0.7	39.4	331.0	–4.3	61.4
2020 年	619.9	1.9	50.9	350.9	6.0	69.2

（二）数字贸易企业集群化发展

北京市拥有全国规模最大、类型最多、层次最高的数据资源，云集“世界 500 强”众多的企业总部或区域总部。近年来，数字贸易头部企业引领作用增强，产业集中度提升；骨干企业领先优势明显，新兴领域企业成长迅速，形成了“万千百十”金字塔形梯队（3 万家在营企业、3000 家规上企业、100 家十亿企业、10 家百亿企业）。在数字产业核心力量方面，大数据、人工智能、区块链等多个新兴领域实力凸显，百度、美团、字节跳动、京东数科、奇虎 360、小米、寒武纪、新浪微博等 18 家百亿级企业引领发展，三大通信运营商总部均落于北京，拥有京东方、联想、中芯国际等国际领先的电子信息制造企业。在工业和信息化部主办的 2020（第五届）大数据产业生态大会上，21 家北京企业进入“2020 中国大数据企业 50 强”榜单，占全国上榜企业的 42%，高居全国首位。

（三）电信、计算机和信息服务占全市数字贸易出口近四成

电信、计算机和信息服务业是数字经济的重要组成部分，也是北京市数字服务贸易的龙头行业。2017—2020 年，电信、计算机和信息服务进出口额占全市数字服务贸易总额的比重从 23.8%提高到 29.0%。其中，电信、计算机和信息服务出口能力显著增强，占全市数字服务贸易出口的比重从 2017 年的 25.9%持续提高到 2021 年的 38.2%，也是全市服务贸易最大的顺差来源，显示出极强的出口带动作用。

（四）数字内容示范引领全国发展

数字内容是数字贸易的重要组成部分，也是北京发展数字贸易最具优势的领域之一。“十三五”规划实施以来，北京市文化贸易保持良好发展势头。2017—2020 年，全市文化贸易进出口额年均增长 12.2%，其中出口额年均增长 10.8%，高质量文化服务产品逐渐在海外市场受到认可。

近年来，北京加快文化与科技融合发展，着力培育文化产业新动能，社交媒体、搜索引擎、游戏动漫、在线教育、数字出版等领域新业态不断涌现，聚集了百度、网易、腾讯文化、字节跳动、快手、爱奇艺、完美世界等一大批数字内容领域的龙头企业。2017 年以来，北京市入选的国家文化出口重点企业和国家文化出口重点项目数量持续领跑全国。

（五）国际服务外包规模持续扩大

北京市作为全国首批服务外包示范城市，以高技术、高附加值为特点的高端生产性服务外包成为重要发展趋势，通过提高软件服务外包发展质量和能级，引领首都数字贸易高质量发展。2017—2020 年，全市离岸服务外包规模持续扩大，2020 年仍然保持了增长态势，占全市数字服务出口额的 22.2%。其中，知识流程外包（KPO）同比增长高达 106.1%，成为带动离岸服务外包实现增长的最大因素。从结构来看，软件研发、医药和生物技术研发服务、工程技术服务、其他研发服务等高端业务占全市离岸服务外包出口额的 66.7%。

重点发包市场不断拓展，2020 年，全市重点服务外包企业发包国家和地区达到 80 个左右，美国及欧洲国家成为主要离岸服务外包市场国。“一带一路”沿线国家和地区外包市场规模快速扩大，2020 年北京离岸服务外包来自“一带一路”沿线国家和地区市场的收入同比增长 44.9%，是整体增速的 16.6 倍。

（六）跨境电商企业主体发展动能强劲

北京获批成为国家跨境电商综合试验区，积极探索推进跨境电商销售医药产品、免税保税政策相衔接、跨境电商 B2B 出口监管等试点工作，先后开展三批中国（北京）跨境电子商务产业园创建，推动跨境电商产业集聚化、规模化、体系化发展。全市已设立 6 个跨境电商监管场所，培育 15 个跨境电商产业园，京东、敦煌网、小笨鸟、易单网等重点跨境电商企业已在全球 40 多个国家和地区设立 100 多个海外仓。据统计，2020 年，全市跨境电商零售进口额同比增长超过 85%，其中，网购保税进口额是 2019 年全年总额的 100 余倍。

二、先行先试，推动数字贸易发展不断产生新经验

在推进数字贸易发展的实践中，北京市加快推进“三位一体”数字贸易试验区建设，探索数据跨境流动安全管理试点，扩大数字市场准入，着力打造数字贸易港、国际大数据交易所，大力推动数据资源开放共享，开展数字贸易统计测度研究，形成了数字贸易发展的新思路、新经验，主要体现在以下几方面。

（一）搭平台，构建以“数字贸易港”为核心的创新格局

着眼于全市数字贸易发展的基础差异和空间格局，制定出台《北京市关于打造数字贸易试验区实施方案》，依托中关村软件园国家数字服务出口基地、金盏国际合作服务区、自贸区大兴机场相关区域，推动“三位一体”数字贸易试验区建设，形成一批高端数字经济新兴产业集群，打造对外开放合作新窗口，构建完善的数字贸易跨境服务体系。中关村软件园立足数字技术企业密集的优势，着力打造“数字贸易港”和数字经济新兴产业集群。金盏国际合作服务区立足国家第四使馆区和自贸试验区建设，着力打造“数字经济和贸易国际交往功能区”。自贸区大兴机场相关区域依据空港优势和跨境电商、智慧物流等产业基础，着力打造“贸易数字化示范区”。

（二）抓试点，先行探索推动跨境数据流动路径

北京市按照中央网信办相关要求，积极推动个人信息出境安全评估管理的试点试行工作，研究制定了个人信息出境安全评估措施办法等一揽子制度文件，明确了评估

内容、标准、流程、办法等事项，为实质开展安全评估工作奠定了坚实基础。2021 年 5 月上旬，北京市首批数据跨境流动试点正式得到批复并实施。此外，北京正聚焦人工智能、生物医药、工业互联网、跨境电商等关键领域，探索开展政策创新、管理升级和服务优化，逐步丰富试点的服务领域和范围。

（三）拓开放，积极推动数字市场对外开放

积极推动 6 项增值电信业务逐步开放：“取消在线数据处理与交易处理业务”“存储转发类业务”“国内多方通信服务业务”“互联网接入服务业务外资股比限制”4 项政策可在北京“两区”范围内实施；“向外资开放国内互联网虚拟专用网业务（外资股比不超过 50%）”和“取消信息服务业务（仅应用商店）外资股比限制”2 项政策可在北京自贸区内实施，为北京市推动外资进入互联网信息领域。对外释放更加开放的信号起到了积极作用。

（四）促交易，正式落地北京国际大数据交易所

2021 年 3 月底，作为国内首家基于“数据可用不可见，用途可控可计量”新型交易范式的数据交易所——北京国际大数据交易所正式落地，标志着北京数据要素市场化进程加速，将在保护个人隐私和信息安全的前提下，发挥技术密集和数据密集的双轮驱动作用，以技术促流通，以流通促创新。同时，交易所配套上线了北京数据交易系统，成立了北京国际数据交易联盟，发布了北京数据交易服务指南，为构建多层级、负责任的数据交易体系奠定基础。

（五）强保障，出台政策助推数据要素流通

出台《北京市公共数据管理办法》，创新性提出了公共数据就是“北京市范围内的公共管理和服务机构，在依法履职过程中制作或者获取的、依托计算机信息系统记录和保存的各类数据资源”的概念，不仅对公共数据的采集、汇聚、共享、开放等活动进行了规范，也助推了公共数据共享开放和政府治理水平的提升。出台《政务数据分级与安全保护规范（试行）》，并面向全市各委、办、局开展数据分级保护试点应用，

逐步探索完善北京市大数据标准体系建设。

（六）谋创新，开展数字贸易统计测度研究

以建立一套可复制、可借鉴的数字贸易统计测度制度为目标，开展数字贸易统计测度研究工作。全面分析 OECD、UNCTAD 及美国商务部对于数字贸易统计的概念和范畴，结合国家出台的《数字经济统计及其核心产业统计分类（2021）》，提出了北京市数字贸易统计测度的范围、分类和方法，出台了《北京市数字贸易统计测度方法（试行）》，为国家和其他地区开展数字贸易统计研究贡献“北京方案”。

三、未来发展重点方向与思路

北京市将立足首都“四个中心”战略定位，在新发展格局下，抓住《区域全面经济伙伴关系协定》等带来的历史性机遇，发挥国家服务业扩大开放综合示范区和中国（北京）自由贸易试验区重大开放优势，全面对标国际高标准数字贸易规则，破解制度瓶颈，创新政策举措，健全企业生态，增强北京在全球数字贸易领域的先导性和话语权，打造数字贸易示范区。

（一）提升数字贸易相关产业发展竞争力

聚焦云计算、人工智能、大数据、5G、区块链、量子信息、卫星定位等新兴领域，加强前沿性、基础性数字技术创新和工业互联网基础设施建设，推动科技服务、金融、运输、旅游、医疗健康、商务服务等重点服务业领域数字化转型升级；实施文化产业数字化战略，打造具有“首都风范、古都风韵、时代风貌”的品牌化、国际化数字内容产品体系。

（二）深入探索数字贸易制度创新有效路径

持续推动数据跨境流动的有序开放，积极参与国际规则对接合作，逐步推动技术、监管、标准等制度创新，完善跨境数据流动规则；推进数据安全保护能力认证体系建

设，探索跨境联合建模的数据安全可信交换共享体系，为实现以数据为生产要素的数据跨境流动提供新思路、新方案；进一步深化数字贸易统计，持续建立完善数字贸易统计监测、运行分析体系。

（三）发挥好数字贸易创新发展的平台支撑作用

持续完善数据交易平台，依托北京国际大数据交易所，培育数据市场，探索数据流通的新机制，形成可推广、可复制的数据交易政策经验；发挥“中国国际服务贸易交易会”“全球数字经济大会”等国际活动平台作用，吸引全球领先的数字贸易平台型企业和专业交易平台；支持搭建数字贸易企业服务平台，提供“走出去”信息共享、政策咨询、政策匹配、项目对接等基础服务，以及法律咨询、数据合规咨询、风险预警、知识产权、支付清算等专业化服务。

（四）强化多层次数字贸易企业梯队建设

聚焦信息技术服务、数字内容、服务外包、跨境电商等重点领域，集聚具有国际竞争力的数字贸易领军企业，推进数字贸易中小企业集群化发展；加强数字领域人才培养和支撑政策，吸引国内外数字领域优秀人才集聚。

（五）升级数字贸易便利化国际化营商环境

积极争取增值电信业务进一步有序开放，持续提高各领域开放度；强化对数字贸易企业海外知识产权布局的支持，完善知识产权保护体系；深入推动跨境贸易收支便利化、行政审批便利化、人员跨境往来便利化，进一步优化数字贸易发展要素支撑。

上海市数字贸易发展探索与经验

近年来，全球经济正在经历数字化转型，跨境数据流动不断赋予全球化发展新动能，大力发展数字经济成为全球共识。据不完全统计，目前全球数字经济总规模已经超过 30 万亿美元，约占全球 GDP 的 40%。同样，全球有一半以上的服务贸易通过数字化传输的形式进行交付。数字贸易正成为新一轮全球化的竞争焦点，也是全球城市竞争的新焦点。

一、发展成效

（一）上海数字贸易快速发展

2019 年，上海发布《上海市数字贸易发展行动方案（2019—2021 年）》（沪商服贸〔2019〕201 号，以下简称《行动方案》）率先采用了狭义的数字贸易定义，将数字贸易理解为“通过数字化方式交付的数字化产品和服务的贸易活动”，将云服务、数字内容、数字服务的行业应用和跨境电商（只包括平台服务，不含货物交易）作为数字贸易的四个主要领域。

近年来，上海数字贸易整体快速发展，数字内容和数字服务出口增速较快，云服务大力开展海外布局，跨境电商服务发展潜力较大。根据上海市的统计口径，2016 年到 2020 年，数字贸易进出口总额年均增长率高达 9.1%。

（1）数字内容优势明显。数字内容是上海数字贸易的支柱领域之一。一是主要涉及文化娱乐。网络文学、网络游戏、网络视听占全国份额分别为 90%、30%和 25%，国际合作向纵深发展，并拥有喜马拉雅、哔哩哔哩和阅文集团等一批全国领先的标杆企业。上海徐汇、上海仓城影视文化产业园区等国家文化出口基地和国家对外文化贸易基地（上海）等园区也为数字内容发展打下良好基础。二是数字广告发展潜力巨大。

新冠肺炎疫情以来，广告产业采用数字技术制作和交付的趋势日益明显，上海张江创意产业基地等国家文化产业示范基地和中广国际广告创意产业基地，集聚近 3000 家广告类和文化创意类企业。2020 年上海广告进出口服务额达 34.2 亿美元。

（2）数字服务体系完整。数字服务是上海数字贸易的另一大支柱领域，也是出口贡献度最高的领域。2020 年数字服务出口额约为 182 亿美元，占数字贸易总出口额的 86.8%。一是主要涉及各行业的。数字化技术应用是传统服务外包和技术贸易进行数字化转型升级后出现的服务模式，上海在上述两个领域一直以来都有较大的优势，业务规模位居全国前列。拥有数百家有较强竞争力的企业，服务领域覆盖制造、交通、检验检测、制药、专业服务、金融、教育等，并能提供基于数字技术的一体化解决方案和覆盖全价值链的流程服务能力。二是数字服务近年来发展迅速。2016 年以来年均增长 7.6%，其中 2020 年克服疫情影响实现了 5.5%的增长率。

（3）云服务加快海外拓展。一是企业集聚。上海云计算服务企业共有 200 余家，其中超过 100 家企业主要集聚在静安区云计算产业基地和杨浦区云计算创新基地。二是海外布局加速。优刻得、七牛云和飞书深诺等本土企业加速海外布局，以英国、德国为代表的欧洲、以新加坡为代表的东南亚地区、中国香港和中国台湾地区以及以洛杉矶为代表的北美地区是云服务的重点区域；上述企业还在加大与亚马逊、微软、英特尔等全球知名企业的战略合作。此外，微软、阿里、腾讯、百度、华为等企业的云计算平台齐聚上海，为上海云计算海外拓展奠定坚实基础。

（4）跨境电商发展潜力较大。一是合规稳步发展。上海跨境电商领域整体呈现稳步增长、合规有序的良好态势。依托于互联网技术的高速发展和电脑、手机等电子设备的快速普及，跨境电商进出口业务近年来保持两位数增长，其平台服务额同样快速增长。二是外资和本土企业共同成长。得益于上海长期以来良好的商业环境、政府的鼓励支持以及针对跨境电商货物进口的便利化通关政策，大量中外跨境电商平台企业汇聚上海，服务额连年增长，主要代表性企业有 eBay、小红书、洋码头等。

（二）数字贸易对上海经济社会发展的促进作用

（1）促进贸易高质量发展。随着数字技术不断与传统产业的深入融合，新的数字服务不断涌现，持续丰富数字贸易的业态和模式。未来 5~10 年，基于 AI、5G、VR/AR、区块链等技术的快速发展和集成应用，将为制造、建筑、运输、金融、医疗、教育、文化等垂直行业带来深刻变革，使服务直达变得更为普遍，催生众多新型数字贸易形态，并将进一步直接或间接地促进贸易高质量发展。

（2）促进城市数字化转型。数字贸易的加速发展，将推动全市数字新基建提升能级、产业“增量”动能全面释放、要素“流量”活力迸发，打造数字化转型发展的全新动能；数字贸易的发展，将对数据交易共享、数据交易监管、个人数据合规使用、知识产权保护数字贸易促进平台、数字贸易统计等提出客观需求，将提升商务领域政务服务水平，促进上海市市场化、法治化、国际化营商环境建设。

二、发展经验

在数字贸易发展方面，上海坚持对标先进、提早谋划、找准定位，发挥政府、智库、协会和企业等多方积极性，全方位促进数字贸易发展。

（一）领导重视，整体谋划

（1）领导重视。早在 2019 年年初，市领导就高度重视数字贸易发展，由市商务委牵头，研究数字贸易先进经验、国际规则、现状问题和发展战略等，同年 8 月，市商务委等九部门联合发文，率先发布全国首个省市级数字贸易《行动方案》，提出打造数字贸易国际枢纽港目标，超前谋划发展数字贸易。

（2）率先谋划。上海已率先在临港新片区和虹桥商务区成功申请至国际通信出入口局的国际互联网数据专用通道，构筑数字贸易发展战略优势；临港新片区建设总体方案中提出“实施国际互联网数据跨境安全有序流动”的重点任务，试点建立数据安全管理机制，率先构筑信息快捷联通的制度优势。

（二）各司其职，合力发展

（1）发挥研究机构与协会的作用。除政府部门的合力推进外，上海社科院、上海赛博网络安全产业创新研究院、上海对外经贸大学数字贸易研究院等机构都从不同角度深入研究数字贸易，奠定良好的发展基础；上海软件对外贸易联盟等单位举办以数字贸易为重点的论坛活动，帮助人工智能、大数据、云计算及物联网等领域的数字贸易企业与境外企业“云”交流促成合作协议。

（2）调动企业发展积极性。上海数字贸易企业涉及服务贸易的大部分类别，基本属于知识密集型的领域。近年来，各类数字贸易企业抓住新兴技术发展和新冠肺炎疫情带来的机遇，积极发展跨境业务，数字贸易进出口额快速增长。

（三）营造环境，融合发展

（1）市级层面密集出台支持政策。自《行动方案》发布后，市级层面先后发布了《推进上海经济数字化转型赋能高质量发展行动方案（2021—2023 年）》《推进上海生活数字化转型 构建高品质数字生活行动方案（2021—2023 年）》等文件，市商务委也发布了《全面推进上海数字商务高质量发展实施意见》《上海市推进商业数字化转型实施方案（2021—2023 年）》等文件，从各方面支持上海数字贸易发展。

（2）加大资金支持力度。根据市级层面各类实施方案和推进举措，市商务委会同市财政局提早开展政策研究，发挥财政资金“四两拨千斤”的作用，加大资金支持力度。目前，数字服务出口基地和数字贸易企业均已纳入服务贸易资金支持范围，这些都为数字贸易发展营造了良好的发展环境。

三、未来发展重点方向与思路

（一）总体思路

围绕《关于全面推进上海城市数字化转型的意见》提出的发展目标，抓住上海数字贸易发展的先发优势，推进数字贸易发展再上新台阶。率先探索新经验，对标学习国际先进经验，解决上海发展数字贸易的管理难题和政策瓶颈；率先应用新技术，发展数字贸易新型应用场景，为技术创新和市场扩展提供更为广阔的空间；率先转换新动能，用数据要素配置链接全球资源，激发社会创造力和市场潜力。全面打造数字贸易高质量发展的强劲引擎，加快建设要素有序流动、功能完善、总部集聚的数字贸易国际枢纽港。

（二）重点方向和举措

聚焦主体集聚、创新策源、规则引领、赋能转型等维度，培育具有全球竞争力、资源配置力和创新驱动力的数字贸易龙头企业，集聚和培育数字贸易品牌；打造若干数字贸易承载区；建设数字贸易创新促进平台，发展数字贸易新业态新模式；建立数字贸易公共服务体系，提升贸易便捷度；实施面向新兴市场的数字贸易“出海促进”工程，助力数字贸易企业抢占新兴市场。

（1）集聚和培育数字贸易品牌。通过加大政策支持力度，聚焦云服务、数字内容、数字化转型、商务智能等领域的数字贸易领域，培育一批具有国际基因和发展潜力的数字贸易品牌，吸引数字跨国公司的地区总部、研发中心、交付中心和重要平台落户。

（2）打造数字贸易重要承载区。重点在虹桥商务区发展数字会展、跨境电商等领域，打造数字贸易跨境服务集聚区，搭建长三角城市群的国际化合作平台。浦东新区重点推动数字技术和生产性服务业的融合发展，发挥张江科技园、陆家嘴金融城、临港软件园等区域的集聚优势，加快推动数字化转型升级。长宁区发展航空、旅游、商贸等特色领域数字贸易，培育临空经济示范区在“互联网+生活性服务业”的创新优势，打造有全球竞争力的商业赋能中心。静安区聚焦拓展数字技术的应用场景，发挥市北高新园区作为大数据产业基地的作用，实现创新项目落地。杨浦区重点集聚数字内容、云服务企业，加快打造数字内容生态圈。推动认定国家数字服务出口基地，形成东西联动、点面结合的数字贸易重要承载区发展格局。

（3）建设数字贸易创新促进平台。针对制造、汽车、建筑、工程、研发、医疗、教育等领域，分行业设立数字贸易创新促进平台，研究设立数字贸易创新促进专项资金，创新运作机制，联合行业龙头企业，发挥其辐射带动效应，打通产业链上下游，打造创新型数字贸易的协同创新载体，促进创新型数据贸易业态快速发展成熟。

（4）建立数字贸易公共服务体系。试点建立数字贸易跨境支付结算平台，基于区块链技术，开展跨境支付结算平台建设，提高跨境支付结算效率和便利度。打造数字贸易数据共享服务平台，汇聚海外各国政策法规、市场规模等各类数据，助力企业开展跨境数字贸易。

（5）实施数字贸易“出海促进”工程。积极开拓 RCEP 区域内市场，支持数字贸易企业在东盟及“一带一路”沿线国家和地区深度参与数据中心、云服务互联、移动支付网络等基础设施建设。以跨境电商、数字文娱等领域为重点，实施数字贸易企业“出海促进”工程。增强贸促机构的作用，积极搭建数字贸易品牌海外宣传渠道，扩大上海数字贸易品牌的海外影响力。

浙江省数字贸易发展探索与经验

浙江省作为我国数字经济发展的桥头堡，早在 2003 年就提出了“数字浙江”建设。2017 年，数字经济成为浙江“一号工程”，2021 年，浙江全面启动数字化改革。近二十年的数字化发展使得浙江发展数字贸易具备了良好基础和先发优势，在政策、产业、市场等方面已形成成熟的运作模式。

一、发展态势强劲

（一）数字服务贸易逆势增长，结构持续优化

2020 年浙江省数字服务贸易实现逆势快速增长。数字服务贸易进出口总额达 1807.39 亿元，同比增长 27.69%，占服务贸易总额的 42.1%，高于全国平均水平。其中，出口额为 1003.04 亿元，同比增长 19.24%；进口额为 804.36 亿元，同比增长 44.45%。2021 年上半年，浙江省数字服务贸易进出口总额达 935.42 亿元，同比增长 9.29%，占服务贸易进出口总额（2426.43 亿元）比重为 38.55%，增长态势稳中向好。其中，出口额为 504.83 亿元，同比增长 19.61%，占浙江省服务贸易出口额（1377.65 亿元）比重为 36.64%；进口额为 430.59 亿元，同比下降 0.75%，占浙江省服务贸易进口额（1048.78 亿元）比重为 41.06%。

同时，新冠肺炎疫情催生了数字服务新模式和新业态，远程医疗、在线教育、共享平台、协同办公等数字服务贸易快速增长。2021 年上半年，浙江省知识密集型行业进出口额为 1374.45 亿元，同比增长 10.61%，对浙江省进出口增长贡献率达 24.7%。除电信、计算机和信息服务行业略有下滑以外，其余行业均呈现迅速发展态势。其中，其他商业服务表现突出，进出口额为 496.11 亿元，同比增长 21.09%；知识产权使用表现良好，进出口额为 73.65 亿元，同比增长 66.77%；保险服务和金融服务增速最大，

分别同比增长 123.44%、81.92%；6 月当月，电信、计算机和信息服务行业进出口同比增长 38.45%，表现出强劲的增长趋势。

（二）跨境电商增势迅猛，头部效应明显

近年来，浙江省不断推动外贸企业数字化转型升级，抢占新一轮全球跨境贸易商机，全省以跨境电商为代表的数字贸易新模式、新业态蓬勃发展。“十三五”期间，全省跨境电商规模实现翻两番，跨境网络零售额从 309.7 亿元扩大到 1387.1 亿元，年均增长 35%。其中，跨境网络零售出口额从 225.3 亿元扩大到 1023.0 亿元，年均增长 35.4%；进口额从 84.4 亿元增长到 364.1 亿元，年均增长 34.0%。根据海关总署发布的全口径跨境电商数据，2021 年上半年，全省跨境电商进出口总额为 1338.3 亿元，同比增长 35.7%。其中，出口额为 918.9 亿元，约占全国 15.2%，同比增长 48.2%；进口额为 419.4 亿元，同比增长 14.6%。出口活跃网店 14.1 万家，同比增长 39.4%。其中，浙江省天猫国际、考拉海购、云集、贝贝等头部平台占据了全国 60%以上的进口电商市场份额。

（三）市场采购贸易试点拓展，规模领跑全国

市场采购贸易方式作为发源于浙江省、复制推广至全国 31 地的贸易新业态、新模式，近年来已经成为浙江省稳外贸的重要力量。据海关统计，今年 1—6 月浙江省市场采购出口额为 1629.8 亿元，同比增长 30.8%，占全省出口总额比重达 11.8%，为浙江省第二大贸易方式。横向比较，浙江省占全国市场采购出口总额的 38.5%，试点规模在开展试点的 15 个省中继续位居首位。新老试点齐头并进，为全省贡献超 1/8 的出口增量。2021 年上半年，湖州织里、绍兴柯桥、台州路桥 3 个新试点分别实现市场采购出口额 53.6 亿元、58.1 亿元和 49.6 亿元，在第五批试点中位居前列。试点拉动湖州市、台州市、绍兴市出口额分别增长 50.5%、43.7%和 24.2%，增幅分列各市第 1 位、第 2 位和第 8 位。同时，老试点保持稳中有进态势，义乌市场采购出口额为 1255.5 亿元，同比增长 43.5%，稳居各试点首位；其中，6 月市场采购出口额为 308.1 亿元，创历史新高。2021 年上半年，5 个试点合计实现出口增量 383.8 亿元，对全省出口增长贡献

率达 12.9%。试点的实施推动了一批贸易型基础设施建设，有效带动了地方产业和外向型经济发展。新建拼箱组货仓 2.2 万平方米，改造和新建柯桥、路桥、织里等海关监管场所，提升物流集聚和通关能力。温州港开通 7 条近洋国际航线，新建 10 万吨级码头。2021 年上半年集装箱吞吐量 49.42 万标箱，同比增长 24.54%。推进“1039+新物流”通道，义乌市空运和铁路出口分别增长 91%和 1.6 倍。温州、湖州、台州等地有序推进全市域联动，带动周边地区电气、五金、家具等产业出口。开放生态圈加速形成，温州集装箱运输、报关代理、货运代理企业分别增长 77%、1.2 倍和 2.6 倍，催生货代、报关、物流、金融、财会、翻译等专业服务和代理机构。

二、发展经验

（一）政策优势

在以数字贸易为代表的新型贸易制度探索中，浙江省初步形成了以“服务贸易创新试点与重点培育、跨境电商先行先试与全面发展、自贸区关键突破与赋权扩区、数字贸易先行示范”为特征的政策体系。

（1）服务贸易创新试点推动数字服务产业新发展。杭州多次入选服务贸易创新发展试点，推动浙江省数字服务产业体系与贸易市场创新融合。在计算机信息、物联网、大宗商品、跨境电商、文化、旅游、教育、金融保险等领域，已形成以杭州、宁波、金华（义乌）、舟山等地为代表的服务产业促进和服务贸易发展治理体系。

（2）综试区先行开创外贸数字治理新模式。自 2015 年杭州设立全国首个跨境电子商务综试区以来，浙江省已有 10 个地市设立综试区，“两平台、六体系”的线上线下融合治理，形成了对跨境电商进出口的全面数字化监管与服务，近年来又积极探索以 9710、9810 为代表的新型治理模式，跨境电商治理的先行先试成为全国模板。2021 年 6 月，《浙江跨境电子商务高质量发展行动计划》由省政府办公厅正式印发，浙江省成为近年来第一个出台高规格、系统性跨境电商专项政策的省份。

（3）自贸区赋权扩区为数字贸易中心建设提供条件。2020 年，浙江省自贸区赋权扩区，形成以杭州数字服务贸易与跨境电商、宁波一般贸易与大宗商品、舟山大宗商品与油气全产业链服务、金华（义乌）市场采购贸易与跨境电商为特色的综合市场治理体系，为浙江省建设全球数字贸易中心提供了制度与空间条件。

（4）数字贸易先行示范区是数字贸易中心建设的先期探索。2020 年，浙江省商务厅、省委网信办联合印发《浙江省数字贸易先行示范区建设方案》，提出将浙江省打造为“全球数字贸易变革策源地、数字支付结算创新地和智慧供应链平台汇聚地”的目标，并就制度建设与产业培育提出发展目标与举措，为浙江省建设全球数字贸易中心探索了发展路径。

（二）产业优势

在数字贸易领域，浙江省以头部企业、产业生态、数字经济协同的产业体系优势已经显现。

（1）头部企业集聚效应明显。除为人熟知的阿里、网易外，以海康、大华、新华三等为代表的数字终端企业，以吉利集团为代表的传统工业制造数字化转型企业广受赞誉，均跻身中科院《互联网周刊》“2020 数字经济创新企业 100 强”行列。近年来，以物产中大、国贸集团为代表的传统外贸企业，以及义乌小商品城、绍兴轻纺城、余姚中国塑料城等都在进行市场全链路数字化升级探索。头部企业通过产业链效应与集聚效应，成为带动浙江省数字产业发展的“火车头”。

（2）数字服务生态体系逐步形成。杭州高新技术产业开发区（滨江）物联网产业园是首批十二家国家数字服务出口基地之一。全省已形成以数字平台（阿里巴巴、网易考拉等）、数字金融（蚂蚁科技、连连支付等）、数字物流（菜鸟网络、“三通一达”等）、数字技术（阿里云、趣链等）、数字服务（大华、海康等）、软件（外包）服务为主要形式的数字技术服务生态系统，以及以影视（横店、华策、正午阳光等）、动漫（电魂网络、中南卡通、玄机科技）、直播（谦寻、汉鼎宇佑）等为主要形式的数字内容创新生态系统。

（3）数字贸易与实体经济协同发展。“一号工程”引领数字经济和数字贸易深度融合。2020 年，全省数字经济强劲增长，数字经济核心产业增加值达 7019.9 亿元，增速 13%，高出 GDP 增速 9.4 个百分点。2021 年上半年，浙江省数字贸易进出口额为 2274 亿元，同比增长 23.4%。数字安防、集成电路、网络通信、智能计算、生物医药、炼化一体化与新材料、智能装备、智能家居、纺织等重点产业迈入数字化发展阶段。

（三）市场优势

浙江省积极拓展新型贸易模式，催生了以跨境电商、市场采购等为基础的新型贸易市场。

（1）完善的市场体系优势。近年来，浙江省不断突破，建立了一般贸易、加工贸易为基础，市场采购贸易为特色的商品贸易和服务贸易市场体系。通过建立义甬舟开放大通道、经济（技术）开发区、海关特殊监管区、国际产业合作园、对台经贸合作区，形成了全方位、多层次、宽领域的对外开放平台体系，打通国际国内两大市场，融入国内国际双循环。

（2）数字贸易营商环境优势。浙江省以自贸区等开放平台建设为抓手，探索贸易和投资便利化，大幅度放宽市场准入条件，加强市场准入统一平台建设；深化商事制度和“最多跑一次”改革，深入推进“四张清单一张网”；探索国际贸易“一窗受理、一站式审批、一条龙服务”优化路径；开展外贸“订单+清单”预警预判动态监测，通过数字化治理优化营商环境，促进要素流动。

三、未来发展重点方向与思路

坚持以数字化改革为引领，以打造全球数字贸易中心为目标，以数字自贸区建设为核心，以数字贸易先行示范区为载体，以数字产业、数字金融、数字支付、数字物流、数字治理五大数字闭环为重点，构建数字贸易全产业链，助力实现碳达峰、碳中和和建立低碳经济体系，着力构建国内国际双循环的数字战略枢纽，建设数字变革策源地、数字平台集聚地、数字服务汇聚地、数字贸易规则与标准制定先行地，推动数字贸易成为浙江省打造“重要窗口”中向新制度、新市场、新技术开放的重要内容，成为赋能高质量发展、建设共同富裕示范区的重要动力。到 2025 年，形成与国际接轨、具有浙江特色的数字贸易发展机制、监管模式和营商环境，实现高水平的数字贸易自由化便利化，初步建成以规则引领、行业领先、产业集聚、应用创新为特征的全球数字贸易中心，全省数字贸易进出口总额突破 10000 亿元，年均增速 20%以上。

一是推进服务贸易数字化转型。探索数字赋能服务贸易，推动服务供给端数字化创新和需求端数字化消费。支持旅游、运输、建筑等传统行业开展数字化改造，加快专业服务、社交媒体、搜索引擎等业态创新发展，鼓励教育、文化、健康、出行和商业服务等数字生活服务平台建设。推动服务外包向高技术、高品质、高效益、高附加值转型升级，加快信息服务、技术贸易等新兴服务贸易发展，探索以高端服务为先导的“数字+服务”新业态新模式。培育数字服务贸易龙头企业，助力浙江省企业“走出去”扩展国际市场，参与构建全球产业链供应链。加快建设浙江网上展会平台，打响数字展览品牌。

二是推进跨境电子商务创新发展。聚焦国际贸易新渠道、新主体、新品牌、新队伍、新空间，将浙江省建设成为平台集聚、主体云集、服务高效、生态完善的跨境电子商务强省。发展各类电子商务平台，建立包括综合性平台、垂直平台、独立站等多元跨境电商的渠道体系。深化“产业集群+跨境电子商务”发展，培育壮大应用主体规模，支持传统外贸、制造和流通企业通过开展跨境电子商务推动数字化转型。支持企业通过直播、社交媒体、短视频等方式开展数字化营销，通过境外商标注册和国际认证、收购外国知名品牌等方式培育自主品牌。进一步完善跨境电子商务企业申报认定高新技术企业，开辟商用跨境网络通道，以及现有监管模式下税收、外汇等方面的配套政策。

三是建设数字贸易高能级平台。大力推进数字自由贸易试验区建设，加快打造数字贸易先行示范区，着力建设国家数字服务出口基地、国家文化出口基地等示范园区，举办全球数字贸易博览会。大力建设跨境电子商务综合试验区，支持跨境电商产业园建设成为跨境电商示范中心，加快 1210、9610、9710、9810 等多种形态跨境电商模式落地。深入开展全面深化服务贸易创新发展试点，夯实数字贸易园区基地。

四是优化数字贸易发展生态。运用区块链技术完善企业信用体系，营造安全可信交易环境。完善跨境支付结算服务，构建智慧化供应链体系，建设数字化港口，建立智慧口岸通关与服务体系，进一步丰富国际贸易“单一窗口”功能，将服务贸易管理事项纳入“单一窗口”管理。加大服务业对外开放。

五是探索数字贸易规则标准。组建浙江省数字贸易标准化技术委员会，推进数字贸易领域的国际和行业规则、标准研究制订，支持企业申请数字贸易相关国内、国际知识产权的内容。积极接轨 RCEP、CPTPP 等在跨境电商、电子支付等领域的规则，探索在数据交互、业务互通、监管互认、服务共享等方面的国际合作及数字确权等数字贸易的规则研究。探索数据跨境安全有序流动试点。支持以市场化方式推进世界电子贸易平台（eWTP）建设。

六是完善数字贸易统计监测体系。建设浙江省数字贸易统计监测系统，运用大数据、企业直报等方式，开展数字贸易监测、统计、分析。研究构建数字贸易发展测度评估模型，适时发布数字贸易发展白皮书。

后 记

《数字贸易发展与合作报告 2021》是在国务院发展研究中心隆国强副主任指导下，由国务院发展研究中心对外经济研究部与中国信息通信研究院联合编著完成的。对外经济研究部由张琦部长任负责人，罗雨泽副部长为执行负责人，陈红娜副研究员、吕刚研究员、高庆鹏副研究员等参与编写；中国信息通信研究院由余晓晖院长任负责人，政策与经济研究所辛勇飞所长为执行负责人，张春飞副所长、石立娜主任、岳云嵩高级工程师、李雅文工程师、秦越工程师、杨佳茵助理工程师等参与编写。

“专题研究”部分，我们邀请部分研究人员就数字贸易发展相关问题进行深入的专题研究。其中，专题一由国务院发展研究中心企业研究所马源研究员、高太山副研究员供稿；专题三由国务院发展研究中心宏观经济研究部陈昌盛部长、冯俏彬副部长、李承健副研究员供稿；专题二由上海社会科学院世界经济研究所沈玉良研究员、高疆助理研究员，法学研究所陈历幸副研究员供稿。

“地区探索”部分，我们选取积极开展数字贸易开放探索的部分省市，提供各自的发展政策与实践，分享发展经验，分别由北京市商务局、上海市商务委、浙江省商务厅供稿。

在此，对以上专家及盛彩娇、周静雅、李蕊等参与本书编校、服务的工作人员表示诚挚感谢！

2021 年 8 月

参考文献

[1] 刘媛媛，祝思民. 数字丝路建设赋能“一带一路”沿线国家经贸合作[J]. 中国远洋海运，2021(06):52-53+7.

[2] 史佳颖. APEC 数字经济合作评估及中国的参与策略[J]. 亚太经济，2021(02):8-17.

[3] 汪晓文，宫文昌. 国外数字贸易发展经验及其启示[J]. 贵州社会科学，2020(3):7.

[4] 熊鸿儒，马源，陈红娜，田杰棠. 数字贸易规则：关键议题、现实挑战与构建策略[J]. 改革，2021(01):65-73.

[5] 赵瑾. 数字贸易壁垒与数字化转型的政策走势——基于欧洲和 OECD 数字贸易限制指数的分析[J]. 国际贸易，2021(02):72-81.

[6] 周念利，陈寰琦. RTAs 框架下美式数字贸易规则的数字贸易效应研究[J]. 世界经济，2020，43(10):28-51.

[7] 亿邦智库. 2020 跨境电商发展报告. 2021.

[8] 中国信息通信研究院. 数字贸易发展白皮书（2019）. 2019.

[9] 中国信息通信研究院. 数字贸易发展白皮书（2020）. 2020.

[10] 中国信息通信研究院. 平台经济与竞争政策观察（2021）. 2021.

[11] 中国信息通信研究院. 云计算白皮书. 2021.

[12] 中国音数协游戏工委，中国游戏产业研究院. 2020 年中国游戏产业报告. 2021.

[13] Burri, M, R Polanco Lazo. Digital Trade Provisions in Preferential Trade Agreements: Introducing a New Dataset. SSRN Electronic Journal, 2019.

[14] European Commission. Trade Policy Review: an Open, Sustainable and Assertive EU Trade Strategy. Publications Office of the European Union. 2021.

[15] Javier López-González, Janos Ferencz. Digital Trade and Market Openness.OECD, 2018.

[16] Meltzer, J . Governing Digital Trade[J].World Trade Review ,2019,18(1): 23-48.

[17] OECD, WTO, IMF. Handbook on Measuring Digital Trade, Version 1. 2020.

[18] Taku Nemoto, Javier López González. Digital Trade Inventory: Rules, Standards and Principles.June 08, 2021.

[19] (UK) Department for Digital, Culture, Media & Sport. UK Digital Strategy. 2021.

[20] (UK) House of Commons, International Trade Committee. Digital Trade and Data. 2021.

[21] UNCTAD. International Trade in ICT Services and ICT-enabled Services. 2015.

[22] UNCTAD. Digital Economy Report 2019. 2020.

[23] UNCTAD. Estimates of global e-commerce 2019 and preliminary assessment of COVID-19 impact on online retail 2020. 2021.

[24] USITC. Digital Trade in the U.S. and Global Economies, Part 1. 2013.

[25] USITC. Digital Trade in the U.S. and Global Economies, Part 2. 2014.

[26] USITC. Global Digital Trade 1: Market Opportunities and Key Foreign Trade Restrictions. 2017.

[27] World Bank, Alibaba. E-commerce Development: Experience from China. World Bank Group. 2019.

[28] WTO. World Trade Report 2019. 2020.